Das Buch

»Adieu Spargel, Austern, Lerchen und Witz! Was meinen Sie, soll daraus werden? Ich bin zu allem bereit. Hier kann ich doch nicht bleiben.« Nicht jeder Sterbende hat sich so leicht und gelassen vom Leben verabschiedet wie der Satiriker Gottlieb Wilhelm Rabener. Unter den Großen dieser Welt gab es im Angesicht des Todes Heroische und Furchtsame, der eine starb höflich und bescheiden, der andere eitel und überheblich, nicht wenige gläubig und viele fassungslos. Thomas Mann verlangte nach seiner Brille, als er starb, und André Gide sagte nichts weiter als: »Es ist gut.« Sehr oft spiegeln die Worte auf dem Totenbett die gesamte Lebenshaltung dieser Menschen und sind aufschlußreicher als ganze Selbstbiographien.

Der profunde Kenner von Literatur und Geschichte Herbert Nette hat in diesem Buch die letzten Worte von fast 500 berühmten und nicht so berühmten Männern und Frauen von der Antike bis zur Gegenwart zusammengestellt. »Eine ernste Versammlung«, schrieb Karl Krolow, »ein ernstes Buch, in dem das alles versammelt wurde, und ein schönes dazu, ein tröstliches auch vielleicht.«

Der Autor

Herbert Nette, 1902 in Oberhausen geboren, studierte Geschichte, Germanistik und Rechtswissenschaften. Er war als Feuilletonredakteur u. a. bei der ›Kölnischen Zeitung‹ und der ›Frankfurter Allgemeinen Zeitung‹ tätig und bis zu seiner Pensionierung fast zwanzig Jahre Cheflektor eines deutschen Verlags. Er gab Werke, Briefe und Tagebücher von Goethe, Wilhelm von Humboldt und Lichtenberg heraus, veröffentlichte sprachwissenschaftliche Essays und historische Biographien. Herbert Nette lebt heute als freier Schriftsteller in Darmstadt.

D1858366

Herbert Nette:
»Hier kann ich doch nicht bleiben«
Eine Sammlung letzter Worte

Deutscher
Taschenbuch
Verlag

Dieses Buch erschien 1971 unter dem Titel
›Adieu, les belles choses‹ im
Eugen Diederichs Verlag, Düsseldorf, Köln

Vom Autor erweiterte Ausgabe
November 1983
© 1983 Deutscher Taschenbuch Verlag GmbH & Co. KG,
München
Umschlaggestaltung: Celestino Piatti
Umschlagfoto: Photo-Werkstatt, München
Gesamtherstellung: C. H. Beck'sche Buchdruckerei,
Nördlingen
Printed in Germany · ISBN 3-423-10198-9

»Man hätte gern eine Sammlung von letzten Worten berühmter Männer.« Es war Chateaubriand, der sich das, vor anderthalb Jahrhunderten, wünschte. Der französische Romantiker steht mit diesem Verlangen nicht allein da; es ist eine allgemeine, räumlich und zeitlich weit verbreitete Erwartung, daß ein großer Mensch nicht ohne ein letztes, ihn und sein Werk bestätigendes Wort verschwinde. Dahinter liegt wohl die tief begründete Annahme, daß einer, der an die Grenze gelangt ist und das große Wagnis antritt, noch eine Botschaft an die Überlebenden auszurichten habe.

Vielleicht werden heute, wo man sich bemüht, den Tod aus dem Bewußtsein zu verdrängen, manche das Thema makaber finden. Zu Unrecht – wie die vorliegende Sammlung zeigt. Unter rund tausend »letzten Worten«, die der Herausgeber gesichtet und geprüft hat (nicht alle sind aufgenommen), befanden sich nur sehr wenige, die von Angst vor dem Tod diktiert waren. Weitaus überwiegend sind die Zeugnisse der Tapferkeit, der Gelassenheit, der Zustimmung und Bereitschaft. Bei gläubigen Menschen äußern sie sich oft als frohe und sichere Erwartung. Bei denen, die sich als Atheisten oder Nihilisten fühlen, dominiert die Selbstbehauptung, der Stolz auf die Lebensleistung oder die beruhigende Überzeugung von der Nichtigkeit dieses Daseins und also auch seines Endes. Wieder andere zeigen sich von einem Geheimnis angerührt, das sich ihnen bald entschleiern wird.

Welcher Gruppe sich auch der Leser zurechnen mag, er kann aus all diesen Stimmen eine Ermutigung zum Leben heraushören, einen Appell zu vertieftem, ausgefülltem Dasein. Vertieft durch den Gedanken an die Endlichkeit, der nicht wie ein drohendes Memento mori vor ihm stehen, sondern von der Überzeugung Leonardo da Vincis bestimmt sein sollte: »Wie ein gut ausgefüllter Tag einen sanften Schlaf gibt, so ein gut angewendetes Leben ein sanftes Sterben.«

Das ist nun zwar kein letztes Wort, so wenig wie jenes, das der zweiunddreißigjährige Goethe an Frau von Stein schrieb: »Wie gut ists, daß der Mensch sterbe, um nur die Eindrücke auszulöschen und gebadet wiederzukommen.« Solchen, von platonischem Unsterblichkeitsglauben erfüllten, schönen Gedanken über Tod und Sterben ließen sich zahllose andere aus Dichtung und Philosophie zugesellen. Aber ihnen allen haftet ein Mangel an unmittelbar wirkender Überzeugungskraft an. Wenn es Ernst wird, halten sie nicht stand. Nicht einmal vor den Worten einer beliebigen Person des achtzehnten Jahrhunderts (der Vicomtesse d'Houdetot): »Mein Leben mag mit Schmerzen angefüllt sein, aber es ist schrecklich, nichts zu sein. Ich ziehe das Leiden dem Nichts vor.«

Nur die echte Konfrontation mit dem Tode – davon geht diese Sammlung aus – gibt einer letzten Bekundung den existentiellen Ernst, das Unwiderrufliche, Authentische.

Authentisch? Hier stoßen wir auf die Frage nach der Echtheit überlieferter »letzter Worte«. Über kein Leben, Tag für Tag, sind wir genauer unterrichtet als über das Goethes. Und trotzdem konnte man ihm den Ausruf »Mehr Licht!« andichten. Das weist auf die Neigung, für einen Großen ein letztes Wort von Bedeutung zu erfinden. Aber spricht nicht auch das von dem Verlangen nach einer gewissermaßen testamentarischen Worthinterlassenschaft? Jede große Gestalt der Geschichte wird ja ohnehin mit der Zeit legendär. So kann auch das von der Mit- oder Nachwelt erfundene letzte Wort seine Bedeutung haben, sofern es nicht entstellt oder gröblich verfälscht.

Die Schwierigkeit, Echtheit zu beweisen, gilt namentlich für die Antike, deren Historiker und Biographen keineswegs zuverlässig sind. Am ehesten kann man Tacitus vertrauen, während bei Plutarch, Sueton, Diogenes Laertius der Sinn für das Anekdotische oft stärker ist als der für historische Treue. Dazu kommt, hier wie bei Späteren, oft die Absicht, durch Vorbilder Trost und Stärkung zu geben. Das gilt nicht nur für die römische Kaiserzeit, in der sich der Einfluß der stoischen Philosophie deutlich bemerkbar macht, sondern ebenso für die Verfasser der christlichen Heiligen- und Märtyrerbiographien. So wie dort der Tod, oder häufig der Selbstmord, für die eigene Freiheit oder das Gemeinwesen, die res publica, ein Topos, ein Gemeinplatz war, wird es in christlicher Zeit der Märtyrertod für den Glauben an Jesus Christus. In beiden Fällen haben wir uns deshalb auf die am ehesten glaubwürdigen Berichte als Beispiele beschränkt und solche ausgelassen, die man mit Sicherheit als fiktiv ansehen kann.

Zu diesen gehört ohne Zweifel die Anekdote über den Tod des Archimedes. »Noli turbare circulos meos« soll er dem auf ihn einstürmenden römischen Soldaten zugerufen haben. Aber wer wird glauben, daß Archimedes, der sich zwei Jahre lang durch die Konstruktion von Kriegsmaschinen um die Verteidigung seiner Vaterstadt Syrakus bemüht hatte, nach dem Fall der Stadt in eine Meditation über mathematische Probleme versunken sei? Und daß der Legionär, der ihn erschlug, wußte, daß er den bedeutendsten Physiker und Mathematiker seiner Zeit umbrachte?

Aber auch für die neuere Zeit bleibt das Problem der Echtheit bestehen. Es gibt familiäre Rücksichten, aus denen ein letztes Wort vorenthalten oder modifiziert oder gar erfunden wird. Dieser Einwand fiele fort bei öffentlichen Hinrichtungen. Zumal aus den Tagen der Französischen Revolution sind uns viele Aussprüche, die angeblich am Fuß der Guillotine getan wurden, überkommen. Da waren also genügend Zeugen vorhanden. Wer aber hört in tumultuarischen Situationen das Richtige? Was geht auf das Konto von journalistischen Erfindungen? Ein neutraler, objektiver Zeuge ist in jedem Fall selten.

Als zuverlässig betrachten könnte man einen letzten Brief, ein Testament. Aber hier wiederum liegt der Verdacht auf bewußte Stilisierung, auf Selbstdarstellung nahe. Mit wenigen Ausnahmen (die sich ohne nähere Begründung von selbst rechtfertigen) wurde deshalb der »letzte Brief« nicht berücksichtigt.

Schließlich ist es denkbar, daß sich jemand sein letztes Wort zuvor sorgfältig zurechtgebosselt hat. Hier wird das Gefühl des Lesers das Kriterium abgeben müssen. Auch darüber, ob Fontanes Stechlin recht hat, wenn er sagt: »Wenn sichs ums Sterben handelt, da hört das Renommieren auf.« Oder vielmehr der französische Advokat Patru, der meinte: »Man spricht in diesen Augenblicken nur aus Eitelkeit oder Schwäche.«

Für beide Haltungen wird man in diesem Buch Beispiele finden. Neben Tiefsinnigem steht Leichtfertiges, Skeptisches neben Geheimnisvollem, Rührendes neben Zynischem, Liebevolles neben kalter Selbstbeobachtung, Resignation neben Tapferkeit. Die Vermutung, daß es Qualitäten des Überganges gebe, die Ernst Jünger in den ›Annäherungen‹ äußert, wird hier mannigfach bestärkt und bestätigt. Es kann nicht gleichgültig sein, ob einer, wie Winston Churchill, am Lebensende sagt: »Es ist alles so langweilig«, oder ob er – um dem ein Beispiel für höchsten Rang entgegenzustellen – mit der unerhörten Freiheit des Sokrates und in der Gewißheit des Überlebens stirbt.

Aus der Galerie der heldisch Sterbenden, sei es auf dem Schlachtfeld, am Fuß des Schafotts oder vor dem Peloton, heben sich für uns zwei Männer durch die ganz unpathetische Art ihres Sterbens hervor. Da ist einmal der Pater Basil Maturin, der beim Untergang der »Titanic« ertrinkt und in das letzte Rettungsboot, das hinabgelassen wird, ein Kind reicht mit den Worten: »Findet seine Mutter!« Sodann ist da der Südpolforscher Lawrence Oates. Da er durch seine erfrorenen Gliedmaßen fast gelähmt war, bat er seine Gefährten, ihn zurückzulassen. Als sie das verweigerten, ging er in den seit Tagen wütenden Schneesturm hinaus und sagte: »Ich gehe und werde vielleicht eine Weile fortbleiben.« Hier denkt man an Sebastian Francks Wort: »Finis coronat opus – Das Ende krönt das Werk«. Krönt, wie man hinzusetzen möchte, auch das Leben.

In welcher Anordnung soll man Hunderte von Texten, die sich inhaltlich und im Aussagewert so sehr voneinander unterscheiden, vorstellen? Zunächst bietet sich die chronologische Reihenfolge an, durch die die für jedes Zeitalter charakteristischen Signaturen und Haltungen sichtbar werden. Wenig sinnvoll wäre demgegenüber die alphabetische Aneinanderreihung. Bernhard von Clairvaux neben Sarah Bernhardt zu finden, Goebbels in der Nachbarschaft von Goethe, Jean Paul gefolgt von Jesus – das mag für manchen Leser durch Abwechslung und Überraschung reizvoll sein, doch wäre es ein willkürlicher und zufälliger Reiz.

Der Herausgeber hat sich für eine dritte Möglichkeit entschieden, indem er die für eine bestimmte innere Einstellung typischen Äußerungen zu jeweils einer Gruppe zusammengefaßt und innerhalb derselben chronologisch angeordnet hat. Das sollte nicht als Katalogisierung verstanden werden. Dazu ist bei aller Gemeinsamkeit die Differenzierung auch innerhalb einer Gruppe zu groß. Aus diesem Grunde wurde auch auf Überschriften, die einengend gewirkt hätten, verzichtet. Es genügt, wenn der Leser das Prinzip der Einteilung spürt.

Es wird ihm dann nicht entgehen, warum Heilige, Märtyrer, Ketzer und schlichte Gläubige, die – wenn auch in verschiedenster Weise – unter dem Zeichen Christi lebten und starben, zu einer Gruppe zusammengefaßt wurden. Ein anderes Kapitel vereint die Skeptiker und Zyniker, denen solche, die mit einem Bonmot vom Schauplatz dieser Welt abtraten, folgen. Für das Bestreben, bis zuletzt die Haltung zu bewahren, sich einen guten Abgang zu verschaffen, bietet namentlich, wie schon angedeutet, die Französische Revolution zahlreiche Belege. Das Gewollte, mitunter Verkrampfte ist dabei nicht zu übersehen. Sosehr man von dem Mut, den Madame Roland bis zur letzten Minute bewies, beeindruckt sein mag – innerlicher berührt wird man von dem letzten Wort der Königin Marie Antoinette. Auf dem Schafott trat sie dem Henker versehentlich auf den Fuß und entschuldigte sich: »Pardon, Monsieur, es geschah nicht mit Absicht.«

Manche – auch ihre Stimmen sind hier vereint – denken beim Abschied an das geliebte Wesen, an die Mutter, an die Frau, an die Geliebte oder den Geliebten. Die Kirche erwartet eine andere Haltung. So wurde der französischen Schauspielerin Adrienne Lecouvreur das christliche Begräbnis verweigert, weil sie bis zuletzt, statt zu beichten, auf ihren Geliebten, den Marschall von Sachsen, schwor.

Von Gedanken an schönste Stunden, mehr aber noch an ihr Werk zeugen die letzten Worte vieler Künstler, Dichter und Wissenschaftler. Renoir malte am letzten Tag Anemonen und murmelte dabei: »Ich glaube, allmählich verstehe ich etwas davon.« Und der große japanische Maler Hokusai sagte sterbend: »Noch zehn, noch fünf Jahre, und ich wäre ein großer Maler geworden.«

Von Wissenschaftlern unserer und früherer Zeit sind Worte überliefert, die zeigen, wie sie bis zum letzten Augenblick von ihrem Werk besessen waren, aber auch, zu welchem Grad von Objektivität, auch sich selbst gegenüber, die Wissenschaft zu erziehen vermag. Der Schweizer Naturforscher Albrecht von Haller kontrollierte seinen Puls, bis er aussetzte. Und Hermann Nothnagel, ein deutscher Arzt, hinterließ einen Zettel, auf dem er am Vorabend seines Todes, nachdem er drei heftige Herzanfälle gehabt hatte, genau und in der kalten Sprache des Mediziners die Symptome seiner Krankheit notiert hatte.

Die Erwähnung dieses wohl kaum sehr bekannten Mannes mag zugleich – um das hier einzufügen – feststellen, daß für den Herausgeber die Berühmtheit – ohnehin eine in ihrem Wert nicht immer unbestreitbare Auszeichnung – keine unbedingte Voraussetzung dafür war, in diese Sammlung aufgenommen zu werden. Es sind mitunter unbekannte, ja unscheinbare Personen – ich denke an den englischen Fischereiinspektor Buckland –, die uns wichtige Mitteilungen von der äußersten Grenze erstattet haben.

Umfangreich ist die Gruppe derer, die mit Würde, gefaßt und gelassen Abschied genommen haben. Nicht so zahlreich und doch nicht nur als seltene Ausnahmen sind jene vertreten, die das Sterben nicht nur als Erlösung, sondern als Glück empfunden haben.

Ein Wort noch zu den Quellen. Sie sind zahlreich und weit verstreut. Bei den Biographien, von denen zahllose herangezogen wurden, zeigte es sich, daß selbst die Verfasser umfangreicher Lebensbeschreibungen es meist versäumten oder nicht wichtig genug fanden, die letzten Worte mitzuteilen. Das ist begreiflich, wo es sich nur um unartikulierte oder unverständliche Äußerungen handelt, wie etwa bei Flaubert, der wahrscheinlich mit den letzten Atemzügen nach einem Arzt verlangte. Eine Ausnahme macht eine zeitgenössische Reihe kurzgefaßter Monographien, die sich fast immer als ergiebig in dieser Hinsicht erwiesen. Ein Sammelwerk in deutscher Sprache hat der Herausgeber nicht ermitteln können. Dagegen hat er folgende Sammlungen mit Gewinn benutzt: Robert Sabatier: Dictionnaire de la Mort (Paris 1967), Claude Aveline: Les Mots de la Fin (Paris 1957), Edward S. Le Comte: Dictionary of Last Words (New York 1955), W. Schmidt: De Ultimis Morientium Verbis (Marburg 1914).

Ich bin mir bewußt, daß die vorliegende Sammlung zu Ergänzungen und Berichtigungen herausfordert. Für beides wäre ich dankbar, schon als Zeichen dafür, daß der Versuch Beachtung gefunden hat.

Herbert Nette

I

Im 5. vorchristlichen Jahrhundert treten – ein denkwürdiges zeitliches Zusammentreffen – in China, Indien und Griechenland drei überragende, in ihren Lehren durch die Jahrtausende fortwirkende Männer auf: Konfuzius begründet die klassische chinesische Kultur, Staats- und Gesellschaftsordnung, Buddha stiftet eine der großen Weltreligionen, Sokrates leitet, nach den oft orakelhaften und dunklen Naturphilosophen, die abendländische Philosophie im rationalen Sinn ein. So soll Zeugnis und Vermächtnis ihres Sterbens die folgende Sammlung eröffnen.

SIDDHARTA GAUTAMA, der BUDDHA (um 560–480 v. Chr.) zu seinen Schülern:

Die ihr mich liebt, erinnert euch immer der Worte: Alles, was geboren wird, ist vergänglich und stirbt. Versucht ohne Unterlaß die Befreiung zu erlangen!

KUNG DSI, KONFUZIUS (551–479 v. Chr.):

Eines Morgens stand Meister Kung früh auf. Er legte die Hände auf den Rücken, zog seinen Stab hinter sich her und ging vor der Tür auf und ab. Dabei sang er: »Der Große Berg wird stürzen / Der Dachbalken wird zerbrechen / Und der Philosoph wird welken!«

Nachdem er so gesungen, ging er hinein und setzte sich unter die Tür. Dsi Gung hörte es und sprach: »Wenn der Große Berg stürzt, wohin kann ich dann meine Augen aufheben? Wenn der Dachbalken zerbricht, woran kann ich mich da halten? Wenn der Philosoph verwelkt, worauf kann ich mich da verlassen? Ich fürchte, der Meister wird krank werden.« Darauf eilte er zu ihm hinein.

Der Meister sprach: »Warum kommst du so spät, Si? Die Volksherrscher von Hia bahrten ihre Toten oben an der Osttreppe auf, gleichsam als Herren des Hauses. Die Leute von Yin bahrten sie zwischen den beiden Säulen auf, zwischen Hausherrn und Gästen. Die Leute von Dschou bahren sie oberhalb der Westtreppe auf und behandeln sie damit als Gäste. Ich bin ein Nachkomme des Hauses Yin. Ich hatte in der vergangenen Nacht einen Traum: da saß ich zwischen den beiden Säulen. Ein weiser König steht nicht auf. Und wer wird auf der Welt meine Lehren befolgen! Ich muß wohl sterben.« Darauf legte er sich zu Bett, und nach sieben Tagen verschied er. (›Li Gi, das Buch der Sitte‹; übersetzt von Richard Wilhelm.)

SOKRATES (469–399 v. Chr.), zum Tode verurteilt, weil er sich gegen die staatlichen Götter vergangen und die Jugend verdorben habe. In seinem Dialog Phaidon schildert Platon den Todestag. Am Morgen sind die Freunde zu ihm ins Gefängnis gekommen, und mit ihnen führt er das unsterbliche Gespräch über den Tod und die Unzerstörbarkeit der Seele. Gegen Abend verlangt Sokrates nach dem Schierlingsbecher.

Da sagte Kriton: »Aber ich glaube, Sokrates, die Sonne steht noch auf den Bergen und ist noch nicht untergegangen. Und zudem weiß ich, daß auch andere erst sehr spät, nachdem es ihnen angekündigt worden war, getrunken haben, und haben sogar noch sehr gut gegessen und getrunken, und einige waren noch mit solchen zusammen, nach denen sie gerade Verlangen hatten. Übereile dich also nicht, denn du hast noch Zeit.« Da sagte Sokrates: »Mit Recht, Kriton, tun jene, von denen du redest, diese Dinge, denn sie glauben etwas zu gewinnen, wenn sie so tun – und mit Recht will ich meinerseits sie nicht tun; denn dadurch, daß ich ein wenig später trinke, glaube ich weiter nichts zu gewinnen, als daß ich mich vor mir selber lächerlich mache, wenn ich so am Leben klebe und da spare, wo nichts mehr ist. Geh also«, sagte er, » gehorche mir und suche nichts anderes zu tun.«

Als Kriton das hörte, winkte er dem Knaben, der in seiner Nähe stand. Und der Knabe ging hinaus, und nachdem er längere Zeit weggeblieben war, kam er und führte den Mann herein, der das Gift reichen sollte und es, zum Trinken gerieben, in einem Becher brachte.

Wie Sokrates den Mann sah, sprach er: »Also, mein Bester, du verstehst dich ja wohl darauf: was muß man tun?« – »Nichts weiter als folgendes«, antwortete jener, »wenn du getrunken hast, geh umher, bis dir die Schwere in die Beine kommt. Dann lege dich nieder, und so wird es von selbst wirken.«

Damit reichte er dem Sokrates den Becher. Und der, Echekrates, nahm ihn, und zwar ganz heiter, ohne zu zittern, noch

die Farbe oder die Gesichtszüge zu verändern; sah vielmehr dem Mann, wie er gewohnt war, fest ins Auge und sprach: »Was meinst du, ob man von diesem Trank jemandem spenden darf? Ist es erlaubt oder nicht?«
»Wir reiben nur so viel, Sokrates«, antwortete jener, »als unserer Meinung nach das Maß für einen Trunk beträgt.« – »Ich verstehe«, sagte Sokrates, »aber zu den Göttern beten darf man doch wohl gewiß und soll es auch, auf daß die Wanderung von hier dorthin heilbringend vonstatten gehe. Darum bete ich denn auch, und möge es also geschehen!« Und kaum hatte er das gesagt, setzte er an und trank sehr heiter und gelassen aus.
Die meisten von uns waren bis jetzt einigermaßen imstande gewesen, sich zu beherrschen und nicht zu weinen; als wir aber sahen, wie er trank, und dann, wie er getrunken hatte, nicht mehr.
Auch mir flossen die Tränen herab, so daß ich mich verhüllte und mich selbst beweinte – denn nicht ihn, sondern mein eigenes Los beweinte ich, weil ich eines solchen Freundes beraubt sein sollte. Kriton war noch vor mir aufgestanden, weil er die Tränen nicht zurückzuhalten vermochte. Apollodoros aber hatte schon vorher nicht aufgehört zu weinen und schrie nun auf, klagend und außer sich geratend, und unter den Anwesenden war nicht einer, den sein Jammern nicht erschüttert hätte, außer Sokrates selbst.
Der aber sagte: »Was tut Ihr doch, Ihr törichten Leute? Ich habe doch eben deswegen die Frauen weggeschickt, damit sie keine solchen Torheiten anstellen sollten – habe ich doch gehört, man müsse unter heiligem Schweigen sterben. Haltet also Ruhe und seid standhaft!«
Und als wir das hörten, schämten wir uns und hörten mit Weinen auf. Er aber ging umher, und als, wie er sagte, seine Schenkel schwer wurden, legte er sich auf den Rücken, denn so hatte der Mann ihn geheißen. Dieser, der ihm das Gift gegeben, befühlte ihn dann nach einiger Zeit und untersuchte seine Füße und Schenkel. Darauf drückte er ihm heftig den Fuß und fragte, ob er es empfinde, Sokrates aber verneinte es; und danach die Unterschenkel, und so ging er immer höher hinauf und zeigte uns, wie er erkaltete und erstarrte. Und dann faßte er ihn noch einmal an und sagte, wenn es ihm bis ans Herz komme, werde er sterben. Schon war er um den Unterleib her fast ganz kalt geworden, da enthüllte er sich

noch einmal – denn er hatte sich verhüllt – und sagte, was seine letzten Worte sein sollten: »Kriton, wir schulden dem Asklepios einen Hahn. Opfert ihm den und versäumt es nicht.«*

»Wahrlich, das soll geschehen«, antwortete Kriton. »Aber sieh, ob du sonst noch etwas sagen willst?«

Auf diese Frage antwortete er nichts mehr, sondern kurze Zeit darauf zuckte er, und der Mann deckte ihn auf: da waren seine Augen gebrochen. Als Kriton das sah, schloß er ihm den Mund und die Augen.

So war das Ende unseres Freundes, Echekrates – eines Mannes, von dem wir wohl sagen dürfen, daß er unter allen, die zu seiner Zeit lebten und die wir kennenlernten, der Beste und überhaupt der Einsichtsvollste und Gerechteste gewesen ist.

* Dem Schutzherrn der Ärzte, Asklepios, soll für die Genesung von der Krankheit des Lebens das Dankopfer dargebracht werden.

Leonidas († 480 v. Chr.), König von Sparta, besetzte den Paß von Thermopylä, um das persische Landheer aufzuhalten. Xerxes umging die Stellung des Leonidas, der daraufhin die Bundesgenossen entließ, aber mit seinen 300 Spartiaten bis zum Ende kämpfte. Als er ihnen vor der Schlacht ein karges Mahl bot:

Heute abend werden wir bei Pluto in der Unterwelt speisen.

Anaxagoras (500–430 v. Chr.), jonischer Philosoph:

Gebt den Schülern einen Tag frei!

Epaminondas (420–362 v. Chr.), thebanischer Feldherr, kämpfte bei Mantinea siegreich gegen die Spartaner, wurde aber tödlich verwundet. Zu seinen Gefährten, die ihn bedauerten, daß er sterbe, ohne Kinder zu hinterlassen:

Ich hinterlasse zwei unsterbliche Töchter: Leuktra und Mantinea.

Alexander der Grosse (356–323 v. Chr.), König von Mazedonien, als seine Generale ihn fragten, wem er die Herrschaft überlasse:

Dem Würdigsten.

Phokion (um 400–317 v. Chr.), athenischer Staatsmann, wegen angeblichen Verrats zum Giftbecher verurteilt, zu einem Freund, der beklagte, welch ungerechte Behandlung ihm widerfahre:

Ungerecht, aber nicht unvorhersehbar, denn das ist das Los der meisten großen Männer Athens.

Epikur (341–270 v. Chr.), der Philosoph einer vergeistigten Glückseligkeit, zu seinen Schülern:

Lebt wohl und gedenket all meiner Lehren!

Agis IV. († 241 v. Chr.), seit 245 König von Sparta, wo er Reformen gegen den Luxus und übermäßigen Reichtum einzelner durchsetzen wollte. Er wurde durch die Ephoren zum Tode durch Erdrosseln verurteilt. Als er einen seiner Diener weinen sah:

Weine nicht über mich, mein Freund, denn wenn man mich so wider Recht und Gesetz zum Tode führt, dann bin ich besser daran als meine Mörder.

Chrysippos (280–208 v. Chr.), griechischer Philosoph, Stoiker, lachte, weil ein Esel die Feigen, die man ihm als letzte Zehrung reichen wollte, auffraß:

Nun gebt dem Esel noch einen Schluck Wein, damit er die Feigen hinunterspülen kann!

Demonax († um 176 v. Chr.), Vertreter der griechischen Philosophenschule der Kyniker, die Bedürfnislosigkeit, Leben gemäß der Natur, Verachtung des öffentlichen Anstands predigten. Nach Lukian, der ihn in seiner Biographie als Idealgestalt des Weisen hingestellt hat, wurde er kurz vor seinem Tode gefragt, was er für sein Begräbnis anordne. Darauf habe er geantwortet:

Beunruhigt euch deswegen nicht, der Geruch meines Leichnams wird mir als Grabmal dienen.

Und auf die Frage, ob es nicht schändlich sei, den Leib eines Mannes, wie er es sei, den Hunden und Vögeln zur Beute zu überlassen:

Es ist kein so großes Unglück, wenn ich nach meinem Tode noch andern lebenden Wesen nützlich bin.

Eine merkwürdige Parallele hierzu bilden die letzten Worte Dschuang Dsis, wie sie in dem ›Wahren Buch vom südlichen Blütenland‹ überliefert sind. An Übernahme ist nicht zu denken, wohl aber ließen sich Vergleiche des chinesischen Taoismus mit den griechischen Kynikern anstellen.

Dschuang Dsi (um 335–275 v. Chr.), Dichterphilosoph und nach Laotse der bedeutendste Taoist.

Dschuang Dsi lag im Sterben, und seine Jünger wollten ihn prächtig bestatten. Dschuang Dsi sprach: »Himmel und Erde sind mein Sarg, Sonne und Mond leuchten mir als Totenlampen, die Sterne sind meine Perlen und Edelsteine, und die ganze Schöpfung gibt mir das Trauergeleite. So habe ich doch ein prächtiges Begräbnis! Was wollt ihr da noch hinzufügen?«
Die Jünger sprachen: »Wir fürchten, die Krähen und Weihen möchten den Meister fressen.«
Dschuang Dsi sprach: »Unbeerdigt diene ich den Krähen und Weihen zur Nahrung, beerdigt den Würmern und Ameisen. Den einen es nehmen, um es den andern zu geben: warum so parteiisch sein?«

MARCUS LIVIUS DRUSUS DER JÜNGERE († 91 v. Chr.) forderte als Volkstribun das Bürgerrecht für die italischen Bundesgenossen. Vor der Abstimmung wurde er ermordet:

O meine Freunde, wann wird die Republik einen Bürger finden wie mich!

Nach dem Sieg über die Volkspartei des Marius stellte Sulla die aristokratische Verfassung wieder her. Wie üblich, wurden die politischen Gegner durch Proskriptionen vernichtet; ihr Besitz verfiel dem Staat.
AURELIUS QUINTUS, ein römischer Bürger, der sich nie in die Politik gemischt hatte, als er seinen Namen auf einer Proskriptionsliste von Sulla sah (81. v. Chr.):

O weh, es ist meine Farm, die mir das Leben kostet!

SUBRIUS FLAVIUS, Tribun der Prätorianergarde, wurde 65 v. Chr. wegen Teilnahme an einer Verschwörung von dem Tribun Vejanus Niger enthauptet. Auf dessen Ermahnung, seinen Nacken ruhig zu halten, erwiderte er:

Wenn nur deine Hand so ruhig ist wie mein Kopf!

Niger zitterte und mußte zweimal ausholen.

MARCUS PORCIUS CATO DER JÜNGERE (95–46 v. Chr.), Philosoph und Führer der Optimatenpartei im Senat, ein erbitterter Gegner Caesars, nahm sich nach dessen Sieg bei Thapsus in

Utica, in der Nähe Karthagos, das Leben. Zu seinem Sklaven:
Schließe die Tür! Ich gehöre jetzt nur mir selbst.

JULIUS CAESARS (100 bis 44 v. Chr.) angeblich letztes Wort: »Auch du, mein Sohn Brutus?« hat einen legendenhaften Beigeschmack. Sueton bezweifelt, daß es gesprochen wurde. Er schildert den Hergang der Ermordung so:

Als Caesar (im Senat) Platz nahm, stellten sich die Verschworenen, scheinbar um ihre Ehrerbietung zu erweisen, im Kreise um ihn herum. Sogleich trat Cimber Tillius, der die erste Rolle übernommen hatte, näher an ihn heran, als wenn er ihn um etwas bitten wollte. Da Caesar ihn durch einen Wink abschlägig bescheidet und durch eine abwehrende Bewegung auf eine andere Zeit verweist, faßt Cimber ihn auf beiden Schultern an der Toga. Da ruft Caesar: »Das ist ja Gewalt!« Gleichzeitig verwundet ihn der eine der Brüder Casca von hinten dicht unterhalb der Kehle. Caesar ergreift Cascas Arm und durchsticht ihn mit dem Schreibgriffel. Als er nun aufspringen will, wird er durch eine zweite Verwundung daran gehindert. Wie er nun sieht, daß von allen Seiten Dolche gegen ihn gezückt werden, verhüllt er sein Haupt mit der Toga und zieht zugleich mit der linken Hand den Faltenbausch bis zu den Knöcheln nieder, damit der untere Teil seines Körpers bedeckt würde und er mit Anstand fiele. In dieser Haltung wird er von dreiundzwanzig Stichen durchbohrt. Nur bei dem ersten Stoße ließ er einen Seufzer, aber kein Wort vernehmen. Allerdings berichten einige Leute, er habe dem auf ihn eindringenden Marcus Brutus auf griechisch zugerufen: »Auch du, mein Kind?«
Da alles geflüchtet war, blieb er eine Zeitlang, von allen verlassen, tot liegen, bis endlich drei armselige Sklaven seine Leiche in einer Sänfte, aus welcher der eine Arm heraushing, in sein Haus zurücktrugen.

MARCUS TULLIUS CICERO (106–43 v. Chr.), der berühmteste Redner Roms, wurde als Führer der Senatspartei nach der Bildung des 2. Triumvirats geächtet. Als die Abgesandten der Triumvirn seine Sänfte umstellten, um ihn zu töten:
Ich habe immer gewußt, daß ich sterblich bin.
Denkt man an den Stoizismus Catos, mutet der Ausspruch literatenhaft an.

Kleopatra (60–30 v. Chr.), Königin von Ägypten, entdeckte in einem Korb mit Feigen die Giftschlange, die auf ihren Befehl gebracht worden war, von der sie sich aber beißen lassen wollte, ohne sie wahrzunehmen:

So bist du also da!

Charmion, eine der Hofdamen, von der sich Kleopatra zuvor mit königlichen Gewändern hatte bekleiden lassen, vergiftete sich, um der Herrin im Tode zu folgen. Ein Abgesandter des Octavianus, der dazukam, schrie sie wütend an: »Schöne Arbeit, Charmion!« und erhielt von der Sterbenden die Antwort:

Sehr schön, und würdig einer Frau, die von so vielen Königen abstammt.

Gajus Octavianus Augustus (63 v. Chr. – 14 n. Chr.), römischer Kaiser, fragte, laut Sueton, die Freunde, die er vorgelassen hatte, ob sie nicht dächten, daß er seine Rolle in der Komödie des Lebens recht artig gespielt habe. Eine zwiefach ironische Äußerung, insofern sie auf die stoische Lehre anspielt, nach der die Menschen Akteure in der Tragödie der Geschichte sind.

Das letzte Wort des Augustus galt seiner Gattin, in deren Armen er starb:

Livia, gedenke unserer glücklichen Ehe und lebe wohl!

Caecina Paetus († 42 n. Chr.) wurde von Kaiser Claudius zum Tode verurteilt, als eine Verschwörung gegen den Kaiser, an der er beteiligt war, entdeckt wurde. Er zögerte, sich zu töten.
Arria, sein Weib, stieß sich den Dolch in die Brust, zog ihn heraus und reichte ihn ihrem Mann mit den oft zitierten, glaubhaft belegten Worten:

Paete, non dolet. – Es tut nicht weh, Paetus.

Dazu Nietzsche in ›Menschliches, Allzumenschliches‹: »Die Lüge, mit der auf den Lippen Arria starb, verdunkelt alle Wahrheiten, die je von Sterbenden gesprochen wurden. Es ist die einzige heilige *Lüge*, die berühmt geworden ist; während der Geruch der Heiligkeit sonst nur an *Irrtümern* haften blieb.«

Lucius Thraseas († 68 n. Chr.), römischer Senator, zu dem Quästor, der ihm auf Befehl Neros die Pulsadern geöffnet hatte, so daß sein Blut auf die Erde rann:

Dieses Trankopfer für Jupiter den Befreier! Denk daran, junger Mann, denn du bist in eine Zeit geboren, wo es gut ist, seine Seele durch Beispiele von Festigkeit zu wappnen.

Nero (37–68 n. Chr.), dessen monströse Untaten bekannt sind, liebte es, öffentlich als Sänger, Schauspieler, Rennfahrer aufzutreten. Zum Staatsfeind erklärt und mit schimpflicher Hinrichtung bedroht, zauderte er feige, sich zu töten. Bevor er sich schließlich mit Hilfe seines Kabinettsekretärs den Dolch in die Kehle stieß, weinend:

Qualis artifex pereo! – Was für ein Virtuose stirbt mit mir!

Marcus Salvius Otho (32–69 n. Chr.), römischer Kaiser, nachdem er den Entschluß gefaßt, sich am nächsten Morgen zu töten:

So wollen wir denn unserem Leben noch diese eine Nacht zugeben.

Tacitus und Sueton berichten, er habe, nachdem er einen Aufruhr der Soldaten geschlichtet, nach einer ruhig verbrachten Nacht sich in sein Schwert gestürzt.

In ›Dichtung und Wahrheit‹ stellt Goethe Betrachtungen über die verschiedenen Todesarten an, die man wählen könne. »Wenn ich nun alle diese Mittel überlegte und mich sonst in der Geschichte weiter umsah, so fand ich unter allen denen, die sich selbst entleibt, keinen, der diese Tat mit solcher Großheit und Freiheit des Geistes verrichtet, als der römische Kaiser Otho. Dieser, zwar als Feldherr im Nachteil, aber doch keineswegs aufs Äußerste gebracht, entschließt sich, zum Besten des Reichs, das ihm gewissermaßen schon angehörte, und zur Schonung so vieler Tausender, die Welt zu verlassen. Er begeht mit seinen Freunden ein heiteres Nachtmahl, und man findet am anderen Morgen, daß er sich einen scharfen Dolch mit eigner Hand in das Herz gestoßen. Diese einzige Tat schien mir nachahmungswürdig, und ich überzeugte mich, daß, wer nicht hierin handeln könne wie Otho, sich nicht erlauben dürfe, freiwillig aus der Welt zu gehen.«

Eponina († 79 n. Chr.), eine Gallierin, hatte neun Jahre lang mit ihrem Gatten Julius Sabinus in einer Höhle bei Langres verborgen gelebt. Zum Kaiser Vespasian, auf dessen Befehl ihr Mann vor ihr hingerichtet wurde:

In der Finsternis und unter der Erde bin ich mit ihm glücklicher gewesen als du auf dem Gipfel der höchsten Macht.

Vespasian (9–79 n. Chr.), römischer Kaiser, bewahrte bis zuletzt seine geistige Klarheit. Als er nach den ersten Anfällen seiner tödlichen Krankheit merkte, daß man mit den Vorbereitungen für die ihm zugedachte Apotheose begann, spottete er:

Aha, ich glaube, jetzt werd' ich Gott.

Im letzten Moment versuchte er mit aller Anstrengung, sich aufzurichten, und murmelte:

Ein Kaiser muß stehend sterben.

Antoninus Pius (86–161 n. Chr.), römischer Kaiser, wegen seiner Milde »der Gütige« genannt, faßte sich, als er nach einem Zornanfall um das Losungswort gebeten wurde, und antwortete:

Seelenruhe.

Marcus Aurelius (121–180 n. Chr.), römischer Kaiser und Philosoph, der an der Donau gegen germanische Grenzstämme kämpfte und an der Pest starb, zu seinen Freunden:

Warum um mich weinen? Seht zu, daß ihr die Armee rettet! Im übrigen tue ich nichts, als euch voranzugehen. Lebt wohl!

Am nächsten Morgen empfing er kurz seinen Sohn Commodus, verhüllte dann sein Gesicht mit seinem Mantel und verschied.

Septimius Severus (146–211 n. Chr.), römischer Soldatenkaiser, als er den Tod nahen fühlte, zu seinen Söhnen:

Lebt vernünftig, bezahlt die Soldaten gut und mißtraut allen anderen!

Septimius hatte sich während seiner Regierung sehr um die Reform der Verwaltung und Rechtspflege gekümmert. In seinen letzten Augenblicken:

Laboremus. Ceterum nil expedit. – An die Arbeit! Alles andere ist unwichtig.

JESUS CHRISTUS (um 33)

Eli, Eli, lama asabthani? Mein Gott, mein Gott, warum hast du mich verlassen?

Matth. 27, 46; Markus 15, 34

Vater, ich befehle meinen Geist in deine Hände.

Lukas 23, 46

Es ist vollbracht!

Joh. 19, 30

JUDAS ISCHARIOT (um 33) erhängte sich, nachdem er die dreißig Silberlinge den Hohenpriestern zurückgegeben hatte:

Ich habe übel getan, daß ich unschuldig Blut verraten habe.

Matth. 27, 4

JAKOBUS DER JÜNGERE († 62), Apostel und Führer des Judenchristentums, wurde gesteinigt:

Verzeihe ihnen, Herr, denn sie wissen nicht, was sie tun.

MARKUS († um 67), der Evangelist, wurde angeblich, den Strick um den Hals, durch Alexandria geführt:

Herr, in deine Hände empfehle ich meinen Geist.

LAURENTIUS (um 220–258), dem römischen Diakon, der auf einem glühenden Rost zu Tode gemartert wurde, werden zwei Worte zugeschrieben, von denen das erste, wohl legendäre, einem Stoiker eher als einem Jünger Christi zuzutrauen wäre. Danach hätte er zu dem Folterknecht gesagt:

Auf der einen Seite hast du mich genug gebraten, dreh mich auf die andere, damit ich gar werde!

Glaubhafter ist der zweite Ausspruch:

Ich danke dir, Herr, daß du mich für würdig befunden hast, in dein Reich einzutreten.

PLOTIN (204–270), griechisch-römischer Philosoph, Begründer des Neuplatonismus:

Ich mache meine letzte Anstrengung, um das, was göttlich in mir ist, dem zurückzugeben, was göttlich im Universum ist.

Der hl. CHRYSOGONUS († 287), Märtyrer, antwortete dem Kaiser Diokletian, der ihm Ehren und Würden versprach, wenn er den Göttern opfere:

Ich verehre nur den Einen Gott, der im Himmel ist, und ich verachte alle deine Würden.

BEN-JOSEPH AKIBA (um 50–132), der jüdische Schriftgelehrte und Rabbi, starb, mit dem Bekenntnis zu dem Einen Gott, als den er Jahwe verehrte, über 150 Jahre früher. Er fiel bei dem Aufstand der Juden unter Bar Kochba in die Hand der Römer und wurde zu Tode gemartert. Sein letztes Wort:

Einer!

Die hl. KATHARINA VON ALEXANDRIA wurde 307 als Christin enthauptet:

Hoffnung und Heil der Gläubigen, Ehre und Ruhm der Jungfrauen! Jesus, mein guter Herr, erhöre mein Gebet! Ich flehe dich an, jedem, der in Todesnot mich anruft, im Gedenken an meine Passion die Wohltat deiner Gnade zuteilwerden zu lassen.

JULIAN APOSTATA (331–363), römischer Kaiser, von den Christen »Der Abtrünnige« genannt, versuchte, dem Christentum ein in neuplatonischem Geiste erneuertes Heidentum entgegenzusetzen. Bei einem Feldzug gegen die Perser tödlich verwundet, zu seinen jammernden Gefährten:

Ruhe! Es ist demütigend, daß ihr um einen Fürsten weint, dessen Seele bald zum Himmel aufsteigt und sich mit dem Feuer der Gestirne vereint. Die Philosophie hat mich davon überzeugt, daß die Seele nicht glücklich ist, ehe sie von den Fesseln des Leibes befreit ist.

Von christlicher Seite wurde ihm der Ausspruch zugeschrieben:

Galiläer, du hast gesiegt!

St. Martin (317–397), Bischof von Tours, zu seinen Schülern, die ihn baten, sich auf die Seite zu legen, um besser zu ruhen:

Meine Brüder, laßt mich lieber den Himmel betrachten als die Erde!

Dann, als er glaubte, den Teufel zu sehen:

Was willst du, böses Tier? Du kannst nichts mehr gegen mich ausrichten, denn ich sehe schon Abraham, der mir die Arme öffnet.

Augustinus (354–430), der bedeutendste Kirchenlehrer und Philosoph des christlichen Altertums, Bischof von Hippo in Numidien:

Meine Seele dürstet nach dem lebendigen Gott. Wann werde ich vor sein Angesicht treten? ... Er, der das Leben ist, ist niedergestiegen zur Erde. Er hat unsern Tod erlitten und er hat ihn zunichte gemacht durch die Hingabe seines Lebens ... Das Leben ist zu uns herabgestiegen, und ihr wollt nicht zu ihm hinaufsteigen und leben?

Mohammed (um 570–632), Stifter des Islam:

Gott sei mit mir in meinem Todeskampf!

Der hl. Agathon († 681), Abt, dem seine Ordensbrüder sagten, er habe immer nach dem Willen Gottes gehandelt:

Ich werde es erst wissen, wenn ich vor Ihn getreten bin, denn anders sind die Urteile Gottes, anders die der Menschen. Erweist mir die Wohltat und sprecht jetzt nicht mehr zu mir, denn ich bin ganz in Anspruch genommen.

Bernhard von Clairvaux (1090–1153), Kirchenlehrer, Gründer der Zisterzienserabtei von Clairvaux, zu den Mönchen, die ihn umringten:

Ich weiß nicht, wem ich nachgeben soll – der Liebe zu meinen Kindern, die mich drängen, hier zu bleiben, oder der Liebe zu Gott, die mich zu Ihm zieht.

Franz von Assisi (1182–1226), Gründer des Ordens der Franziskaner. Er predigte die Bruderschaft mit dem All, den Tieren und Blumen, dem Wasser, dem Feuer, dem Wind, dem Mond und der Sonne. Als er, der seit Jahren krank war und unfähig zu gehen, keine Nahrung mehr zu sich nehmen konnte und Blut spuckte, brachten ihn seine Ordensbrüder nach Assisi. Er ließ sich auf den nackten Boden legen, und am letzten Tag bat er, mit Asche bestreut zu werden:

Denn bald werde ich nur Asche und Staub sein.

Er wiederholte mehrmals:

Willkommen, Schwester Tod, willkommen!

Sterbend sagte er den 142. Psalm auf:

Laut schreie ich zu Jahwe, laut flehe ich zu Jahwe ... Befreie mich aus dem Kerker, damit ich deinen Namen preise ...

Die hl. ELISABETH (1207–1231), ungarische Königstochter, 1211 mit Ludwig, dem elfjährigen Sohn des Landgrafen Hermann von Thüringen, verlobt und 1221 vermählt. Nach dem Tode ihres Gatten auf dem 5. Kreuzzug lebte sie als Wohltäterin bei ihrem Beichtvater Konrad von Marburg.

Ecce instat hora, qua virgo peperit. – Das ist die Stunde, in der die Jungfrau niederkam.

THOMAS VON AQUIN (1225–1274) schuf mit seiner ›Summa theologica‹ das klassische System der Scholastik, das noch heute die Grundlage der katholischen Theologie bildet. Gegen Ende seines Lebens wurde er von Todesahnungen heimgesucht. Als er am 6. Dezember 1273 die Messe gelesen hatte, war er seltsam verändert, schrieb und diktierte nicht mehr, wie es sonst seine tägliche Gewohnheit war. Sein Ordensbruder Rainald, seit langem seine rechte Hand, fragte ihn, warum er sein großes Werk, die Summa, an deren dritten Teil er arbeitete, im Stiche lasse. Thomas sagte:

Rainald, ich kann nicht mehr. Omnia quae scripsi videntur mihi palaae. – Alles, was ich geschrieben habe, kommt mir vor wie Spreu.

Am Vorabend seines Todes (7. März) betete er, nachdem er kommuniziert hatte, vor dem Bild Christi:

Ich empfange dich, Lösepreis meiner Seele, ich empfange dich, Brot meiner Wanderschaft. Deinetwillen habe ich geforscht, gewacht und mich gemüht, deinetwillen gepredigt und gelehrt. Nie habe ich dir entgegen ein Wort gesprochen. Wenn es aber unbewußt geschehen wäre, so verharre ich nicht auf meinem Sinn. Ich unterstelle, was ich unrichtig gesagt habe, ganz dem besseren Urteil der heiligen römischen Kirche, in deren Gehorsam ich jetzt die Welt verlasse.

JACQUES DE MOLAY (um 1243–1314), letzter Großmeister der Templer, wurde von Philipp dem Schönen zum Feuertod verurteilt, nachdem Papst Clemens V. den Orden aufgehoben hatte. Er widerrief die Geständnisse, die ihm unter der Folter erpreßt worden waren, und rief, fast erstickt vom Rauch:

Clemens, ungerechter Richter, ich lade dich vor, in vierzig Tagen vor dem Tribunal des Höchsten Richters zu erscheinen.

Der Papst starb ein Jahr später.

JAN HUS (1369–1415), tschechischer Reformator, kämpfte gegen die Mißstände in der Kirche, angeregt durch die Lehren Wiclifs (1320–1384), des englischen Vorläufers der Reformation, der die Zustände des Klerus angriff, gegen Ohrenbeichte, Firmung, Ölung, Transsubstantiation, Zölibat war. Für Hus war die Bibel, nicht die Kirche, das göttliche Gesetz. Mit der Versicherung freien Geleits durch Kaiser Sigismund reiste er zu dem Konzil nach Konstanz, wurde aber dort nach wenigen Wochen ins Gefängnis geworfen. Im Prozeß im Juni des darauf folgenden Jahres (1415) weigerte er sich, seine Lehren zu widerrufen.

Ich erkläre mich demütig bereit, alles zurückzunehmen, was mir als ein Irrtum im Licht der Heiligen Schrift nachgewiesen wird.

Als er auf dem Scheiterhaufen sah, wie ein Bauer Scheite herbeitrug, soll er gesagt haben:

Sancta simplicitas!

Nach glaubhafterer Überlieferung waren seine letzten Worte:

Jesus Christus, Sohn des lebendigen Gottes, erbarme dich meiner!

HIERONYMUS VON PRAG (1365–1416), der zwei Monate nach dem Martyrium seines Meisters verhaftet wurde, wird auch der Ausruf »sancta simplicitas!« zugeschrieben. Er widerrief zunächst, nahm dann aber seine Widerrufe zurück und wurde, zehn Monate nach Hus, auf demselben Platz wie dieser verbrannt. Als er einen armen Handwerker ein Reisigbündel herbeischleppen sah, rief er:

Sancta simplicitas! Tausendmal schuldiger ist der, der dich mißbraucht.

LAURENTIUS GIUSTANI (1381–1456), Bischof von Venedig, heiliggesprochen. Als man dem Schwerkranken ein Federbett geben wollte, wies er es mit den Worten zurück:

Mein Heiland ist nicht auf Federn, sondern am harten Kreuzesholz gestorben.

GIROLAMO SAVONAROLA (1452–1498), italienischer Dominikaner und Bußprediger, griff den sittlichen Verfall am päpstlichen Hof an. Er wurde vierzig Tage vernommen und gefoltert. Durch übermäßige Kasteiungen geschwächt, erlag er seinem Inquisitor und gab schließlich zu, alles nur getan zu haben, um in Florenz berühmt zu werden. Mit ihm wurden Fra Domenico, der unbeugsam geblieben war, und Fra Silvestro, der unter der Folter seinen Meister verleugnet hatte, zum Tode durch den Galgen, um dessen Fuß Brandstoffe angehäuft waren, verurteilt. Als der Prälat bei der Exkommunikation schloß: »Ich scheide dich von der streitbaren und seligmachenden Kirche«, verbesserte er ihn:

Von der streitbaren, aber nicht von der seligmachenden, das steht nicht in deiner Macht.

Beim Gang zum Galgen schlugen Kinder auf ihn ein, aber er bebte nicht. »Wie kannst du dieses Martyrium ertragen?« fragte ihn einer. Die Antwort kam wie von fern und unpersönlich:

Christus hat so viel für mich gelitten.

PATRICK HAMILTON (um 1504–1528), schottischer Märtyrer, als Ketzer verbrannt. Als man vergeblich in ihn drang, das Ave Maria herzusagen, forderte er seine Ankläger auf, die Wahrheit ihrer Religion zu beweisen,

indem ihr euren kleinen Finger in das Feuer haltet, das meinen ganzen Leib verbrennt.

Zu einem Dominikaner, der die Anklage wiederholte:

Bruder, du glaubst nicht aufrichtig, daß ich ein Ketzer bin.

ERASMUS VON ROTTERDAM (1466–1536), der niederländische Philosoph und führende Humanist, sagte lateinisch:

O Jesu, misericordia: Domine, libera me; Domine, miserere mei! – O Jesus, Barmherzigkeit; Herr, erlöse mich; Herr, erbarme dich meiner!

Sein letztes Wort sprach er auf niederländisch:

Lieve God!

ULRICH ZWINGLI (1484–1531), der Reformator der deutschen Schweiz, gefallen in der Schlacht bei Kappel:

Den Leib könnt ihr töten, aber die Seele könnt ihr nicht töten.

THOMAS CROMWELL (1485–1540) – nicht Oliver, der Karl I. besiegte und hinrichten ließ –, Schatzkanzler und Großsiegelbewahrer Heinrichs VIII., wurde auf dessen Befehl hingerichtet, weil er die Ehe des Königs mit Anna von Cleve eingeleitet hatte:

Der Teufel hat die Macht, uns zu verführen, und ich bin verführt worden. Aber seid Zeugen, daß ich im katholischen Glauben der Heiligen Kirche sterbe und brennend wünsche, daß ihr für den König, seine Gesundheit, sein langes Leben und sein Wohlergehen betet.

MARTIN LUTHER (1483–1546) zu Doktor Jonas, der ihn fragte: »Ehrwürdiger Vater, wollt Ihr sterben gestützt auf Jesus Christus und im Bekenntnis der Lehre, die Ihr immer verfochten habt?«

Ja.

Und als letztes Wort:

Wir sind Bettler. Das ist wahr.

MICHAEL SERVET (1511–1553), spanischer Arzt, in Genf wegen Ketzerei von Calvin verbrannt, stöhnte in den Flammen:

Jesus Christus, Sohn des Ewigen Gottes, habe Erbarmen mit mir!

KARL V. (1500–1558), deutscher Kaiser und König von Spanien, der sich in das Kloster St. Just in Estremadura zurückgezogen hatte:

Das ist die Stunde. Ich komme, Herr. Hier bin ich.

MICHELANGELO (Michelagniolo Buonarroti, 1475–1564), Bildhauer, Maler, Architekt und Dichter. Kurz vor seinem Tode ließ er Daniele da Volterra zu sich rufen und sagte:

Ich bin hin ... nimm dich meiner an ... nicht von mir fortgehen!

In seinem Testament hatte er erklärt,

daß er seine Seele Gott, seinen Leib der Erde weihe, seine Habe seinen nächsten Verwandten, und daß er den Seinen empfehle, sich, wenn sie dieses Leben verlassen, der Leiden Christi zu erinnern.

MARIA STUART (1542–1587) auf dem Schafott zu den Grafen von Shrewsbury und von Kent, die sie bedrängten, die Anglikanische Kirche anzuerkennen:

Mylords, wenn ihr für mich beten wollt, danke ich euch, aber ich kann meine Gebete nicht mit den euren vereinen, weil wir nicht die gleiche Religion haben.

GIORDANO BRUNO (1550–1600), italienischer Philosoph, der pantheistisch in Gott die Weltseele des Universums sah und wegen Ketzerei zum Tod auf dem Scheiterhaufen verurteilt wurde:

Ich sterbe als Märtyrer und freiwillig. Meine Seele wird mit dem Rauch zum Paradies aufsteigen.

ISAAC CASAUBON (1559–1614), calvinistischer Theologe, geboren in Genf, gestorben in seiner Wahlheimat England. Als ein Abgesandter des französischen Botschafters ihn fragte, zu welcher Religion er sich im Tode bekenne:

So glauben Sie also, mein Herr, daß ich mein Leben lang in einer Angelegenheit von der größten Bedeutung ein Heuchler gewesen bin?

Der hl. FRANZ VON SALES (1567–1622) wurde auf seinem Sterbebette gebeten, er solle die Worte des heiligen Martin nachsprechen: »Herr, wenn ich deinem Volke noch nötig bin, nehme ich die Last auf mich«:

Ich nötig, nein, nein, ich bin nur ein unnützer, unnützer, unnützer Diener.

JAKOB BÖHME (1575–1624), protestantischer Mystiker und Visionär. Über sein Ende berichtet der Görlitzer Arzt Kober: »Folgenden Sonnabend, den 16. November, deutete ich ihm die Gefährlichkeit des Lebens und Nähe des Todes an. Darauf er antwortete:

In dreien Tagen werdet ihr sehen, wie es Gott mit mir geendet hat.

Und als wir ihn gefragt, ob er auch gern sterben wollte, hat er geantwortet:

Nach Gottes Willen.

Hierauf wir ihn weiter in dieser Welt nicht gesehen. Als es nun nach Mitternacht Sonntags frühe kommt, ruft er seinen Sohn Tobiam und fragt, ob er auch hörte die schöne Musik? Als er nein sagt, spricht er, man solle die Tür öffnen, daß man den Gesang besser hören könne. Danach fragte er, wieviel es geschlagen? Als man ihm aber benennt, es habe zwei geschlagen, sagt er, das sei noch nicht seine Zeit. Unterdessen redet er diese Worte einmal:

O du starker Gott Zebaoth, rette mich nach deinem Willen!
O du gekreuzigter Herr Jesus Christus, erbarme dich meiner und nimm mich in dein Reich!

Als es um 6 Uhr kommt, nimmt er Abschied von seinem Weibe und den Söhnen, gesegnet sie und spricht:

Nun fahre ich hin ins Paradies.

Heißt seinen Sohn Tobias sich herumwenden, seufzte tief und verschied gar sanft und stille von dieser Welt.«

JOHANNES KEPLER (1571–1630), großer Astronom, gefragt, wodurch er hoffe gerettet zu werden:

Allein durch die Gnade Jesu Christi, unseres Erlösers.

LOPE DE VEGA (1562–1635), spanischer Dichter, der außer Epen, geistlicher und weltlicher Lyrik mehr als 800 Komödien schrieb. Auf dem Sterbebett soll er geäußert haben:

Dante hat mich immer gelangweilt.

Seine letzten Worte:

Ach, ich würde gerne allen Beifall, den ich geerntet habe, hingeben, wenn ich dafür eine gute Tat mehr getan hätte ... Jesus ... Maria!

James Ussher, Usserius (1580–1656), irischer Erzbischof, von dem die Feststellung stammt, die Welt sei am 26. Oktober 4004 v. Chr. um 9 Uhr morgens erschaffen worden:

Herr, verzeihe mir meine Sünden und besonders meine Unterlassungssünden!

Louis II. de Bourbon, Prince de Condé (1621–1686), der große Condé, verlangte, daß man ihn mit den Priestern allein lasse:

Das sind jetzt meine einzigen Ärzte.

Richard Baxter (1615–1691), englischer Theologe, puritanischer Erbauungsschriftsteller:

Tod, Tod! O, ich danke ihm, ich danke ihm. Der Herr lehre euch zu sterben!

François de Aubusson, Herzog von la Feuillade (1625–1691), Marschall von Frankreich, berühmter Höfling, der in Ungnade gefallen war, stirbt sofort nach den Worten:

Daß ich das, was ich für den König tat, nicht für Gott getan habe!

Armand-Jean le Bouthillier de Rancé (1626–1700), Abbé, Gründer des Trappistenordens. Als er bemerkte, daß einer der Ordensbrüder nach ihm das Kruzifix küßte, aber nicht den Totenschädel zu Füßen des Kreuzes:

Warum küßt du nicht auch den Totenkopf? Küßt unbesorgt das Abbild des Todes, dessen Wirklichkeit ihr nicht fürchten dürft!

Jacques-Bénigne Bossuet (1627–1704), französischer Prälat und berühmter Kanzelredner, zu seinem Sekretär, der ihm von seinem Ruhm sprach:

Hören Sie auf damit! Bitten wir Gott um Vergebung unserer Sünden!

Später:

Ich bitte Sie, Mademoiselle de Mauléon zu versichern, daß ich bis zum Ende ihrer gedacht habe.

Gottfried Arnold (1666–1714), pietistischer Mystiker, Schüler Jacob Böhmes. Über sein Ende berichtet Albert Knapp, der erste Herausgeber seiner gesammelten Gedichte: »Am Pfingstfeste, gerade während der Feier des Heiligen Abendmahles, drangen preußische Werber mit Trommelschlag in die Kirche und schleppten mehrere, zur Gemeinde gehörige Jünglinge mit Gewalt zur Kriegsfahne hinweg. Durch diesen schändlichen Unfug wurde der treue Seelsorger im Innersten erschüttert und erkrankte sofort aufs schwerste. Zwar hielt er mit seltener Aufopferung noch am folgenden Tag eine Leichenpredigt, während welcher der Küster hinter ihm auf der Kanzel stand, um ihn, wenn er ohnmächtig umsänke, sogleich in die Arme zu fassen. Er vollendete jedoch dieses sein letztes Zeugnis mit zitternder Stimme und blieb hernach drei Tage hindurch in einem Armstuhl, betend und mit heiligen Meditationen beschäftigt. Von dort aus legte er sich ruhig auf sein Sterbebett. Einige Stunden vor seinem Ende, da jedermann ihn vor Entkräftung schon für entschlafen hielt, richtete er sich auf einmal in seinem Bette ganz allein auf und rief mit lauter Stimme:

Frisch auf, frisch auf! Die Wagen her und fort!

Darauf ward er ganz stille und verschied sanft unter dem Gebet und Gesang einiger treuer Freunde.«

August Hermann Francke (1663–1727), protestantischer Theologe und Pädagoge. Seine Frau fragte ihn, ob sein Erlöser noch bei ihm sei:

Daran ist kein Zweifel.

Graf Nikolaus Ludwig von Zinzendorf (1700–1760), Gründer der Herrnhuter Brüdergemeine. In der letzten Nacht, 8./9. Mai, zu seinem Schwiegersohn:

Mein guter Johannes, ich bin fertig, ich bin in den Willen meines Herrn ganz ergeben, und er ist mit mir ganz zufrieden. Will er mich hier nicht länger brauchen, so bin ich ganz bereit, zu ihm zu gehen, denn mir steht nichts mehr im Wege ...

MADAME LOUISE (1737–1787), Tochter Ludwigs XV.:
Tempo! Galopp! Zum Paradies!

GIACOMO CASANOVA DE SEINTGALT (1725–1798). Der frivole Genießer, Spieler, Unternehmer, gelegentlich auch Hochstapler, lebte zuletzt als Bibliothekar auf dem böhmischen Schloß Dux, wo ihm Graf Waldstein Unterkunft geboten hatte:
Großer Gott und ihr, die ihr Zeugen meines Todes seid: ich habe als Philosoph gelebt und sterbe als Christ.

PATRICK HENRY (1763–1799), amerikanischer Staatsmann, zu seinem Arzt und Freund Doktor Cabell:
Ich bitte Euch, beachtet, wie groß die Realität der Religion ist und welche Hilfe sie dem Menschen im Augenblick des Sterbens verschafft.

MATTHIAS CLAUDIUS (1740–1815), genannt »der Wandsbeker Bote« nach der Zeitschrift, die er lange geleitet. Ein Zeugnis seiner naiven Gläubigkeit ist sein letztes Wort:
Führe mich nicht in Versuchung und bewahre uns vor dem Bösen ...: Gute Nacht!

FRIEDRICH DANIEL SCHLEIERMACHER (1768–1834), Philosoph und protestantischer Theologe. Über sein Ende gibt Bettina von Arnim am 13. Februar 1834 dem Fürsten Pückler-Muskau einen brieflichen Bericht, der hier mit Auslassung einiger, wenig glaubhafter, Sätze wiedergegeben sei.

»Fünf Tage war er krank, schon in den ersten Tagen sagte er lächelnd zu den Seinen, er werde nicht leben bleiben; am sechsten Tage verlangte er seine Kinder zu sehen, um sie zu segnen; man versagte es ihm, weil man fürchtete, es könnte ihn zu sehr erschüttern; er ließ sich's gefallen, trug einem Freund auf, den Kindern zu sagen, sein letztes Gebot sei an sie: ›Liebt Euch untereinander‹, ordnete an, daß seine zwei ältesten Schulfreunde an seinem Grabe reden sollten, und blieb ruhig bis zum andern Tag. Gegen Morgen, wo er abermals verlangte die Kinder zu sehen, versagte man es ihm aus Furcht, er werde es nicht ertragen. Da sah er nach der Uhr, es war 9 Uhr; er sagte:

Geht nun alle weg, damit Ihr nicht jammern müßt, wenn ich sterbe.

Sie wollten nicht gehen, nun forderte er Brot und Wein, ›aber schnell, schnell!‹ rief er laut und dringend; als man ihm es brachte, setzte er sich auf im Bett, betete stark. Im Nebenzimmer, obwohl die Türe zu war, hörte man deutlich, wie er sagte:

Die Gnade Gottes hat mich durchdrungen, so daß meine geistige Natur stark ist.

Dann ... legte er sich sanft auf die Achsel seiner Frau und schloß ohne einen schweren Atemzug die Augen für immer.«

André Marie Ampere (1775–1836), französischer Physiker, hörte zu, wie ihm M. Deschamps einige Stellen aus der ›Nachfolge Christi‹ von Thomas von Kempen vorlas und sagte ihm, daß er das Buch auswendig wisse. – Das waren seine letzten Worte.

Edgar Allan Poe (1809–1849):

Gott sei meiner armen Seele gnädig!

Henry Havelock (1795–1857), englischer General:

Komm, mein Sohn, damit du siehst, wie ein Christ zu sterben weiß.

Richard Whateley (1787–1863), englischer Theologe, Erzbischof von Dublin. Als ihm sein Kaplan die anglikanische Version des Paulus-Briefes an die Philipper 3, 21 vorlas: »... welcher unseren häßlichen Leib verklären wird ...«, widersprach er:

unseren nichtigen Leib, so ist es richtig, nicht häßlich – nichts, was Er gemacht hat, ist häßlich.

François Guizot (1787–1874), französischer Historiker und Staatsmann, zu seiner Tochter, die sagte: »Wir werden uns wiedersehen, Vater!«:

Niemand ist davon fester überzeugt als ich.

Oscar Wilde (1854–1900) lebte, nach den zwei Jahren im Zuchthaus zu Reading, körperlich gebrochen, erst in einem Dorf in der Normandie, dann in Paris, wo er, einst das Vorbild eines Dandy und Ästheten, auf den Caféterrassen wie eine Parodie seiner selbst wirkte. Zu seinem literarischen Testamentsvollstrecker Robert Ross:

Die katholische Kirche ist die einzige, in der es sich gut sterben läßt.

Angeblich waren es nur sieben Menschen, die an seiner Beerdigung teilnahmen. André Gide berichtet vom Hörensagen, daß nur ein Kranz beschriftet war. Er kam von dem Besitzer des Hotels, in dem Wilde zuletzt gewohnt hatte, und die Inschrift lautete: »A mon locateur.« – Meinem Mieter.

Henri Dunant (1828–1910), Schweizer Schriftsteller und Philanthrop, bemühte sich um eine internationale Übereinkunft zur Milderung des Loses von Kriegsverwundeten. 1901 erhielt er den Friedensnobelpreis. Auf sein Betreiben kam die Genfer Konvention zum Schutze der Zivilbevölkerung und das Internationale Komitee des Roten Kreuzes zustande.

Ich wünsche wie ein Hund zu Grabe getragen zu werden, ohne eine einzige eurer Zeremonien, die ich nicht anerkenne. Ich vertraue darauf, daß ihr meinen letzten Erdenwunsch respektiert. Ich bin ein Jünger Christi wie im ersten Jahrhundert, und nichts mehr. Amen.

August Strindberg (1849–1912), zunächst unter dem Einfluß Nietzsches krasser Individualist, entwickelte später einen eigentümlichen Mystizismus. In seiner Sterbestunde ergriff er die Bibel, die auf seinem Nachttisch lag, und drückte sie an seine Brust:

Alles ist gesühnt.

Gilbert Keith Chesterton (1874–1936), englischer Dichter, Philosoph, Redner und Journalist mit einer Neigung zu geistreichen Paradoxien, trat 1922 zur katholischen Kirche über:

Der Ausgang ist völlig klar. Entweder das Licht oder die Finsternis, und jeder muß seine Wahl treffen.

Pater Auguste Valensin (1879–1953), französischer Philosoph:

Laßt das Licht, laßt die Sonne herein! Das ist eine heitere Verkündigung wie die des Todes. Ich bin auf dem Wege zur Begegnung mit Gott.

Dagobert I. († 639), Frankenkönig aus dem Hause der Merowinger, sterbend zu seinen Hunden:

Auch von der besten Gesellschaft muß man sich eines Tages trennen.

Karl der Grosse (742–814) schickte mit einem groben Wort seine Ärzte fort:

Laßt mich, ich sterbe besser ohne eure Heilmittel!

Richard Löwenherz (1157–1199), König von England, wurde im Krieg gegen Philipp II. August von Frankreich vor Limoges tödlich verwundet. Ein Priester beschwor ihn, »drei schlechten Mädchen, die er aushalte«, zu entsagen: dem Ehrgeiz, dem Geiz und der Wollust. Der König darauf zu seinem Gefolge:

Ihr habt gehört, was dieser Scheinheilige mir gesagt hat? Nun gut, ich will seinen Mahnungen folgen: ich hinterlasse meinen Ehrgeiz den Templern, meinen Geiz den Mönchen und meine Wollust den Prälaten.

Lucilio Vanini (1585–1619), italienischer Philosoph, als Atheist und Magier verbrannt:

Es gibt weder Gott noch den Teufel. Wenn es einen Gott gäbe, würde ich ihn bitten, Blitz und Donnerschlag in das Konzil zu jagen, denn alles, was sich dort tut, ist ungerecht und schändlich. Und wenn ein Teufel da wäre, würde ich ihn bitten, all das in die unterirdischen Regionen hinabzureißen. Da aber weder der eine noch der andere existiert, bleibt mir nichts zu tun übrig.

François de Malherbe (1555–1628), Lyriker von klassischer Klarheit, unterbrach seinen Beichtvater, der ihm das Glück der jenseitigen Welt in trivialen Ausdrücken schilderte:

Hören Sie auf! Ihr schlechter Stil degoutiert mich.

ANTOINE WATTEAU (1684–1721), französischer Rokokomaler und Graveur, zu seinem Beichtvater, der ihm ein Kruzifix hinhielt:

Legen Sie das weg! Wie kann man ein göttliches Antlitz so schlecht wiedergeben!

JEAN RAMEAU (1683–1764), Komponist, während er die Letzte Ölung empfing:

Wie, zum Teufel, singen Sie, Herr Pfarrer! Zwei Töne zu hoch!

SIMON LANTARA (1729–1778), Maler, hörte von seinem Beichtvater: »Du bist glücklich, mein Sohn, du gehst in die Ewigkeit, du wirst Gott von Angesicht zu Angesicht (face à face) schauen.« Lantara:

Wie, Hochwürden, immer en face und nie im Profil?

PIERRE GASSENDI (1592–1655), französischer Physiker, Mathematiker und Philosoph, Vertreter einer materialistischen Weltanschauung:

Ich wurde geboren ohne zu wissen, warum. Ich habe gelebt ohne zu wissen, wie. Und ich sterbe ohne zu wissen, warum und wie.

OLIVIER PATRU (1604–1681), Advokat, zu dem Kanzelredner und Historiker Bossuet, der zu ihm sagte: »Man hat Sie bisher für einen Freigeist gehalten. Überzeugen Sie die Öffentlichkeit vom Gegenteil durch aufrichtige gläubige Worte!«:

Es ist eher an der Zeit, daß ich schweige. Man spricht in diesen letzten Augenblicken nur aus Schwäche oder Eitelkeit.

LOUIS BOURDALOUE (1632–1704), französischer Jesuit und Prediger:

Es wird Zeit, daß ich das tue, was ich den andern so oft gepredigt habe.

Matthew Tindal (1657–1733), englischer Philosoph:
O Gott – wenn es einen Gott gibt –, habe Erbarmen mit mir!

Charles Saint-Pierre (1658–1743), Abbé und politischer Schriftsteller, der über Reformen der Staatsverwaltung und Erziehung schrieb. Wegen heftiger Kritik an Ludwig XIV. wurde er aus der Französischen Akademie ausgeschlossen. Nachdem er gebeichtet und die üblichen Zeremonien hingenommen hatte:
Ich muß mir dafür Vorwürfe machen. Ich glaube kein Wort von all dem. Es war alles nur eine verächtliche Konzession von mir, und ich hatte doch mein Leben lang gewünscht, ein Bekenner der Wahrheit zu sein.

Charles Secondat de Montesquieu (1689–1775), philosophisch-politischer Schriftsteller am Beginn der Aufklärung. Zum Erzieher seines Sohnes, als zwei Jesuiten ihn drängten zu beichten:
Versuchen Sie, mich von diesen Mönchen zu befreien. Um ihnen gefällig zu sein, müßte ich ihnen ihren Willen tun, und ich bin gewöhnt, mir nur meinen zu tun.
Dem Pfarrer von Saint-Sulpice, der später zu ihm sagte: »Monsieur, Sie haben besser als andere begriffen, wie groß Gott ist«, antwortete er:
Ja, Monsieur, und wie klein die Menschen sind.

Voltaire, eigentlich François-Marie-Arouet (1694–1778), der führende Geist der französischen Aufklärung, wurde wenige Augenblicke vor seinem Tode von einem Geistlichen gefragt, ob er an die Göttlichkeit Jesu Christi glaube:
Im Namen Gottes, Hochwürden, sprechen Sie mir nicht von diesem Menschen! Lassen Sie mich in Frieden sterben!

Timoléon Duc de Brissac (1698–1784), Marschall, als man einen Mönch an sein Sterbebett geholt hatte, damit er ihm die Beichte abnehme:
Kapuziner, wo nimmst du die Kühnheit her, dich zum Mittler zwischen Gott und mir zu machen!

Denis Diderot (1713–1784), der französische Enzyklopädist und Aufklärungsphilosoph, gibt ein Beispiel dafür, daß ein vorletztes Wort wichtiger sein kann als das letzte. Jenes nämlich lautet:

Der erste Schritt auf dem Wege zur Philosophie ist der Unglauben.

Danach, als seine Frau ihm Vorhaltungen machte, weil er einen Apricot trank:

Aber was, zum Teufel, glaubst du, daß mir das jetzt noch schaden kann?

Ethan Allen (1737–1789), amerikanischer General, auf das Wort des Pfarrers: »General, die Engel erwarten Sie«:

Sie warten? Sie warten? Gott verdamme sie, sollen sie warten!

Charles-Maurice de Talleyrand-Périgord, Fürst von Benevent (1754–1838) war 1789 Bischof von Autun geworden, wurde aber exkommuniziert, weil er sich anfänglich der Französischen Revolution angeschlossen hatte. Während der Schreckenszeit lebte er als Verbannter in England und Amerika, von 1797 bis 1807 war er Außenminister des Direktoriums und Napoleons, 1814/1815 Vertreter Frankreichs auf dem Wiener Kongreß. Auf dem Sterbebett machte er seinen Frieden mit der Kirche. Als ihm jemand erzählte, der Erzbischof von Paris »würde gerne sein Leben für das Ihre geben«:

Sagen Sie ihm, daß er es besser verwenden kann.

Bei der Erteilung der Sterbesakramente wollte ihm der Abbé Dupanloup die Hände salben. Talleyrand hielt sie ihm mit den Handflächen nach unten hin, da es das Vorrecht der Bischöfe ist, die Letzte Ölung auf diese Art zu empfangen, und murmelte:

Vergessen Sie nicht, Abbé, daß ich Bischof bin!

Comte Pierre Cambronne (1770–1842), französischer General, am Vorabend seines Todes zu einen jungen Mädchen:

Ach, Mademoiselle, man meint, der Mensch sei etwas; der Mensch ist nichts.

Charles Baudelaire (1821–1867) starb, nachdem er sein Vermögen vergeudet hatte, verarmt, entmündigt und vergiftet durch Rauschmittel. Sein letztes Wort:

Crénom!

(Abkürzung von Sacré Nom de Dieu – Gottverdammt!)

Ramon Maria Narvarez (1800–1868), seit 1844 Herzog von Valencia, Marschall und Ministerpräsident der spanischen Königin Isabella II. Zu seinem Beichtvater:

Ich brauche meinen Feinden nicht zu vergeben, weil ich sie alle umgebracht habe.

Henry James (1811–1882), amerikanischer Philosoph, Vater des gleichnamigen Schriftstellers, zu seiner Tochter, die ihn im Auftrag eines Freundes fragte, welche Art von Ehrungen er bei seiner Beisetzung wünsche:

Richte ihm aus, daß er nur das Folgende sagen soll: Hier liegt ein Mann, der sein Leben lang all die Zeremonien, die die Geburt, die Heirat und den Tod begleiten, als geschmacklose und törichte Absurditäten betrachtet hat.

Auguste Villiers de l'Isle-Adam (1838–1889), französischer Schriftsteller, ein später Romantiker, Schüler Poes und E. T. A. Hoffmanns, sagte in seinen letzten Tagen zu Stéphane Mallarmé:

Weißt du, es ist ein Prozeß zwischen Gott und mir, dem du beiwohnst ... Heute nacht habe ich zwei oder drei Gotteslästerungen erfunden.

Bevor er das Bewußtsein verlor:

Adieu, les belles choses!

Henrik Ibsen (1828–1906), dem man sagte, sein Zustand bessere sich:

Ganz im Gegenteil!

Henri-Désiré Landru (1869–1922) wurde unter der Beschuldigung hingerichtet, zehn Frauen ermordet zu haben, deren

Leichen allerdings nie gefunden wurden. Er leugnete bis zuletzt. Als der Stellvertreter des Staatsanwalts ihm die übliche Frage stellte, ob er eine Erklärung abgeben wolle:

Mit wem habe ich die Ehre zu sprechen? Ich bin erstaunt, daß Sie eine derart beleidigende Frage an mich richten. Ich bin unschuldig.

Im letzten Moment forderte ihn der Anstaltsgeistliche auf, zu beichten. Landru zeigte auf den Scharfrichter und dessen Gehilfen:

Ich täte es mit Vergnügen, Herr Abbé, aber ich will diese Herren nicht warten lassen.

THORSTEIN VEBLEN (1857–1929), amerikanischer Soziologe, verfügte kurz vor seinem Ende testamentarisch:

Ich wünsche im Todesfalle verbrannt zu werden, so schnell und ohne Aufwand wie möglich, ohne jedes Zeremoniell. Meine Asche soll ins Meer gestreut werden. Kein Grabstein, keine Inschrift, kein Denkmal zu meinem Andenken soll irgendwo und irgendwann gesetzt werden. Keine Todesanzeige oder Biographie, keine Briefe von mir oder an mich sollen je gedruckt, veröffentlicht oder sonstwie reproduziert oder kopiert in Umlauf gesetzt werden.

WINSTON CHURCHILL (1874–1965):

Es ist alles so langweilig.

PAUL VALÉRY (1871–1945) auf die Frage seines Freundes, des Professors Mondor, ob er meine, daß den Gläubigen im Augenblick des Sterbens ihr Glaube hilfreich sei:

Aber nein, sie sind es, die Angst haben. Sie haben Angst vor dem Teufel, vor der Forke. Was mich betrifft, so bleibe ich meinen Grundsätzen unbeugsam treu. Le mur me suffit.

(Einem Hinweis von Rolf Michaelis verdankt der Herausgeber die überzeugende Deutung, daß mit dem letzten Satz einfach die Zimmerwand neben dem Bett gemeint ist, der sich der Sterbende zuwenden will.)

Gertrude Stein (1874–1946), amerikanische Schriftstellerin, die mit ihrer künstlichen Naivität eine Zeitlang Hemingway und Sherwood Anderson beeinflußte:

Was ist die Frage? Was ist die Frage? ... Wenn es keine Frage gibt, gibt es auch keine Antwort.

Cesare Pavese (1908–1950), italienischer Schriftsteller. Bevor er im August 1950 in einem Turiner Hotelzimmer durch eine Überdosis von Schlaftabletten aus dem Leben schied, schrieb er auf den Umschlag eines seiner Bücher:

Macht nicht zuviel Aufhebens davon!

Bernard Shaw (1856–1950) zu seiner Krankenschwester:

Sie versuchen, mich wie eine alte Sehenswürdigkeit am Leben zu erhalten, aber ich bin fertig, am Ende, ich sterbe.

Einige Jahre vor seinem Tode bat die Zeitung ›The Evening News‹ den über Neunzigjährigen, seine eigne Grabschrift zu verfassen. Shaw zeichnete einen von Unkraut überwucherten Grabstein und darauf die Inschrift:

Hic jacet
Bernard Shaw
Wer zum Teufel war das?

José Ortega y Gasset (1883–1955), spanischer Kulturphilosoph und Soziologe, den die Geistlichkeit von Madrid bedrängte, ein Glaubensbekenntnis abzulegen:

In diesem Lande läßt man einen nicht einmal in Frieden sterben.

Marie Curie (1867–1934). Die gebürtige Polin (Sklodowska) erhielt gemeinsam mit ihrem Gatten Pierre Curie für die Entdeckung der radioaktiven Elemente Polonium und Radium 1903 den Nobelpreis für Physik; 1911 für sich allein den Nobelpreis für Chemie. Als der Arzt der Todkranken eine Spritze geben wollte:

Ich will das nicht. Ich will, daß man mich in Ruhe läßt.

V

In der isländischen Grettir Saga sagt einer der Helden, der von einem Speer durchbohrt wird, zu seinem Nebenmann:

Solche Speere mit breiter Spitze kommen scheint's jetzt in Mode.

Und stirbt.

Johann van Olden Barnevelt (1549–1619), Kämpfer für die Unabhängigkeit der Niederlande, wurde auf Befehl von Moritz von Oranien enthauptet und machte zu guter Letzt ein Wortspiel:

Maak het kort – maak mij kort!

(Unter Verzicht auf die lapidare Kürze, dem Sinne nach: Mach es kurz, mach mich einen Kopf kürzer!)

Tallemant des Réaux gibt in seinen ›Historiettes‹ (geschrieben 1657 bis 1659, aber erst rund hundert Jahre später veröffentlicht) einige Anekdoten wieder, in denen man sich mit einem Bonmot von dieser Welt verabschiedet:

»Als sein Schiff am Untergehen war, machte sich ein spanischer Soldat daran, ein Stückchen Brot zu essen, und sagte dabei:

Man muß ein bißchen essen, um so viel trinken zu können.

In La Rochelle rief ein Matrose, der gehenkt wurde, als man ihn von der Leiter stieß:

Gute Reise!

Eine Kurtisane sagte, nachdem man ihr die Letzte Ölung gegeben hatte, zu ihrer Zofe:

Toinette, sorgen Sie dafür, daß die Herren etwas zu trinken bekommen.«

Paul Scarron (1610–1660), französischer Lustspieldichter, dessen Witwe übrigens später die bekannte Madame de Maintenon wurde:

Ach, Kinder, soviel könnt ihr gar nicht über mich weinen, wie ihr über meine Stücke gelacht habt.

Johann Nestroy (1801–1862), dem boshaft-witzigen Schilderer der Gesellschaft des vormärzlichen Wien, wird dasselbe Bonmot zugeschrieben. Zu den um sein Sterbebett versammelten Freunden habe er gesagt:

Tröstet euch nur! Ihr werdet sicher nicht so lang über mich weinen, wie ihr über mich g'lacht habt.

Antoine Duc de Gramont (1604–1678), Marschall von Frankreich. Als sein Beichtiger ihm die Grunddogmen der christlichen Religion aufzählte, fragte er seine Frau:

Ist das wahr, Madame?

Und als sie bejahte:

Gut, beeilen wir uns also zu glauben!

Sophie Charlotte (1668–1705), Gattin Friedrichs I. von Preußen, Freundin des Philosophen Leibniz, zu einer ihrer Hofdamen:

Beklagen Sie mich nicht, denn ich werde jetzt meiner Neugier genug tun über den Grund der Dinge, den mir Leibniz nie erklären konnte, und ich verschaffe dem König den Anblick eines Leichenbegängnisses, das ihm Gelegenheit geben wird, alle Pracht zu entfalten.

Madame de Vercellis († 1728). Jean-Jacques Rousseau, der mit 16 Jahren Diener bei ihr war, erzählt im 2. Buch seiner ›Bekenntnisse‹: »Ihr Leben war das einer Frau von Geist und Gefühl gewesen, ihr Tod war der eines Weisen ...« Sie hütete das Bett nur in den letzten zwei Tagen und hörte nicht auf, sich aufs liebenswürdigste mit jedermann zu unterhalten. Als sie schon im Todeskampf lag, ließ sie einen kräftigen Wind. Ihre letzten Worte:

Gut! Wer das noch kann, ist noch nicht tot.

Anne Oldfield (1683–1730), englische Schauspielerin, zu ihrer Kammerfrau:

Ein Leichentuch aus Wolle, das empört mich. Holen Sie meine kostbarsten Spitzen, mein schönstes Leinen! Mit ihrer Hilfe wird ein wenig Leben in diesen Körper zurückkehren, in die-

sen Teint, wenn ihn die natürliche Wärme verlassen hat. Vor allem, spart nicht mit dem Rouge! Ich kann den Gedanken, häßlich zu sein, selbst nach dem Tode, nicht ertragen.

KARL VI. (1685–1740), römisch-deutscher Kaiser, Vater Maria Theresias, auf dem Sterbebett:

Was, nur zwei Kerzen? Als römischem Kaiser gebühren mir vier!

In der Todesstunde hörte er mit an, wie das Konsilium der Ärzte lange über Ursache und Art der tödlichen Erkrankung disputierte. Schließlich flüsterte er:

Ihr könnt mich ja, wenn es vorbei ist, aufschneiden und nachschauen, woran ich gestorben bin. Ich hoff' aber, es kommt bald einer von euch nach und sagt mir, was es war.

JEAN BAPTISTE DUBOS (1670–1742), Abbé, Historiker und Kritiker:

Der Tod ist ein Gesetz und keine Strafe. Drei Dinge sollten uns trösten, daß wir das Leben lassen müssen: die Freunde, die wir bereits verloren haben, die wenigen liebenswerten Menschen, die wir zurücklassen, und schließlich die Erinnerung an unsere Dummheiten und die Gewißheit, daß wir keine mehr machen werden.

ALEXANDER POPE (1688–1744), englischer Schriftsteller, zu einem Besucher:

Mein Lieber, wenn ich meinem Arzt glauben darf, so sterbe ich an hundert guten Symptomen.

BERNARD LE BOVIER DE FONTENELLE (1657–1757), französischer Schriftsteller. Zu dem Fünfundneunzigjährigen sagte eine neunzigjährige Dame: »Der Tod hat uns vergessen.« Fontenelle, mit dem Finger vor dem Mund:

Pst!

Ein Ausspruch des Uralten:

Es wird Zeit für mich zu gehen, denn ich fange an, die Dinge zu sehen, wie sie wirklich sind.

Am 9. Januar 1757, seinem Todestag, fragte ihn sein Arzt, ob ihm etwas fehle. Fontenelles Antwort:

Rien, rien du tout, seulement une certaine difficulté d'être. – Nichts, durchaus nichts, nur eine gewisse Schwierigkeit dazusein.

Robert-François Damiens (1715–1757) wurde zum Tode verurteilt, weil er Ludwig XV. bei einem Attentat einen Messerstich versetzt hatte. Am Morgen des Tages, an dem er nach stundenlangen Torturen gevierteilt wurde, sagte er:

Das wird heute ein bitterböser Tag.

Dazu Henry de Montherlant in seinen Tagebüchern: »Ich frage mich zuweilen, ob das nicht der schönste Ausspruch ist, der je aus dem Mund eines Franzosen gekommen ist.«

Jeanne-Antoinette Poisson, Marquise de Pompadour (1721–1764), die schöne und politisch einflußreiche Geliebte Ludwigs XV., zu ihrem bejahrten Beichtvater:

Wenn Sie noch ein wenig länger bleiben, Hochwürden, werden wir miteinander gehen.

Lord Chesterfield (1694–1773), der englische Staatsmann und Schriftsteller, fuhr einige Tage vor seinem Tode in der Kutsche aus. Gefragt, ob er frische Luft habe schöpfen wollen:

Nein, ich habe meine Beisetzung geprobt.

Charles-Pierre Colardeau (1732–1776), französischer Dichter, zu einem Bekannten, der kam, um ihm sein neues Stück vorzulesen:

Bedenken Sie, mein Freund, daß ich nur noch wenige Stunden zu leben habe, der Arzt hat mir nichts verheimlicht.

Als der andere darauf besteht, resigniert Colardeau und sagt nach der Lektüre:

Bei Ihren Rollen vermisse ich einen köstlichen Zug: einen Freund, der im Sterben liegt, zu zwingen, noch die Vorlesung einer Komödie in fünf Akten und in Versen anzuhören.

Claude Joseph Dorat (1734–1780), französischer Dichter mäßiger Trauer- und Lustspiele, ließ sich noch an seinem Todestag mit der größten Sorgfalt frisieren. Auf die Frage eines Freundes, warum er soviel Mühe auf seine Toilette verwende, antwortete er:

Ich bereite mich zum Rendezvous vor. Heute kommt der Tod, um mich zu holen, und ich habe von jeher die Galanterie besessen, für jeden pünktlich in Toilette zu sein.

Seine Freundin Mademoiselle de Fannier von der Comédie Française warf sich ihm leidenschaftlich weinend in die Arme.

Du hast meinem Herzen wohlgetan, aber meine Frisur ruiniert,

sagte Dorat zu ihr und starb.

Nicolas Sébastien Roch, genannt Chamfort (1741–1794), Schriftsteller, begeisterter Anhänger der Revolution, der er zum Opfer fiel. Er rettete sich vor der drohenden Verhaftung durch Selbstmord. Seine letzten Worte zu Sieyes:

A! mon ami, je m'en vais enfin de ce monde, où il faut que le cœur se brise ou se bronze. – Ach, mein Freund, ich gehe endlich aus dieser Welt, wo das Herz zerbrechen oder sich versteinern muß.

Dazu Nietzsche in ›Die fröhliche Wissenschaft‹: »Das sind sicherlich nicht die Worte eines sterbenden Franzosen.« Am 3. April 1888 schrieb Georg Brandes an Nietzsche: »Die angeführten Worte sind nicht die letzten Chamforts, sie stehen bei ihm selbst: ›Caracteres et Anecdotes.‹«

Chamfort starb also mit einem Zitat aus einem eignen Werk.

Thomas Paine (1737–1809), englischer Politiker und Publizist, naturalisierter Franzose, lebte von 1774 bis 1787 in Amerika, ging dann zurück nach England, wo er 1791 wegen der Veröffentlichung seines Werks über die Menschenrechte nach Frankreich flüchten mußte. In den Nationalkonvent gewählt, wurde er von Robespierre ins Gefängnis geworfen. 1802 kehrte er in die Vereinigten Staaten zurück. – Zu seinem Arzt, der bemerkte: »Ihr Bauch nimmt ab«:

Und Ihrer nimmt zu.

Carl Joseph Fürst von Ligne (1753–1814), aus alter belgischer Adelsfamilie, österreichischer Feldmarschall, geistreicher Weltmann und Schriftsteller. Während des Wiener Kongresses, einen Tag vor seinem Tod:

Man hat eine Menge Schaustellungen aufgeboten, um die hohen Herrschaften zu unterhalten. Ich bin dabei, ein weiteres Schauspiel vorzubereiten – die Beisetzung eines österreichischen Feldmarschalls.

Auf dem Sterbebett sagte er zu einem Freund:

Ich, der ich nie ein Rendezvous versäumt habe, hoffe, diesem Rendezvous noch einmal zu entgehen.

Zu seinen Töchtern, die am Bett niederknieten:

Haltet ihr mich für eine Reliquie? Wartet ein wenig, ich bin noch nicht heilig.

Im beginnenden Delirium:

Schließt die Türen! Fort mit ihm! Das Ungeheuer ist da, der graue Kamerad.

Sein letztes Wort:

Vorwärts! Es lebe Maria-Theresia!

Mademoiselle Raucourt (1756–1815), Schauspielerin:

Das ist die letzte Szene, die ich spielen werde. Ich muß sie mit Anstand spielen.

Marquise de Coislin (1732–1817), über die Chateaubriand in seinen ›Denkwürdigkeiten von jenseits des Grabes‹ erzählt, man habe sich an ihrem Sterbebett darüber unterhalten, daß man nicht unterliege, wenn man sich nicht gehenlasse, daß man nicht sterbe, wenn man ganz aufmerksam sei und den Feind nicht aus den Augen lasse. Die Marquise antwortete:

Ich glaube es, aber ich fürchte, daß ich im entscheidenden Moment zerstreut sein werde.

John Wolcot (1738–1819), Pseudonym Peter Pindar, englischer Satiriker und Pamphletist, wurde gefragt, ob man noch irgend etwas für ihn tun könne:

Bringt mir meine Jugend zurück!

PAULINE BONAPARTE (1780–1825), Prinzessin Borghese, zweite Schwester Napoleons, ließ sich einen Spiegel bringen und sagte sterbend:

Ich war immer schön.

SIMON BOLIVAR (1783–1830), »Der Befreier«, südamerikanischer Nationalheld:

Die drei langweiligsten großen Figuren, die ich kenne, sind Christus, Don Quichotte und ich gewesen.

JOSEPHTE BRILLAT-SAVARIN (1757–1855), Schwester des bekannten gastronomischen Schriftstellers (›Physiologie de la goût‹). Die Achtundneunzigjährige war im Begriff, ihr Diner im Bett zu beenden, als sie einen Schwächeanfall bekam und ausrief:

Ich fühle, daß es zu Ende geht ... Schnell das Dessert!

RUFUS W. GRISWOOD (1815–1857), Edgar Allan Poes literarischer Nachlaßverwalter, auf die Frage des Pfarrers, ob er ein guter Christ gewesen sei:

Sir, es ist möglich, daß ich nicht immer ein guter Christ war, aber ich bin sicher, immer ein Gentleman gewesen zu sein.

MADEMOISELLE RACHEL (1820–1858), Tragödin:

Ich bin froh, daß ich an einem Sonntag sterbe. Einen Montag zu erleben, ist immer trist.

HENRY DAVID THOREAU (1817–1862), amerikanischer Schriftsteller, der in ›Walden oder Leben in Wäldern‹ tagebuchartig über seinen Aufenthalt in einer selbstgezimmerten Blockhütte am Waldensee berichtet hat. Über seine letzten Worte gibt es mehrere familiäre Überlieferungen. So soll er auf die Frage, ob er seinen Frieden mit Gott gemacht habe, geantwortet haben:

Ich habe nie mit ihm gestritten.

Nach einer anderen Version waren seine letzten Worte:

Elche ... Indianer ...

Elisa Bonaparte (1785–1879), geborene Patterson, eine Kaufmannstochter, heiratete 1803 in Baltimore Napoleons Bruder Jérôme, den späteren König von Westfalen, von dem sie 1805 auf Anordnung Napoleons geschieden wurde. Als jemand äußerte, nichts sei so unvermeidlich wie der Tod:

Ausgenommen die Steuern!

Jean Moréas (1856–1910), französischer Symbolist und Neoklassizist, als seine Agonie sich in die Länge zog:

Man kann sich nicht einmal mehr auf den Tod verlassen.

Mounet-Sully (1841–1916), französischer Schauspieler:

Sterben fällt schwer, wenn man kein Publikum hat.

Sarah Bernhardt (1844–1923), die berühmte Schauspielerin, als man seit Tagen ihren Tod erwartete:

Mein Leben lang haben mich die Herren Journalisten belästigt. Jetzt revanchiere ich mich. Sie sollen warten!

Im Augenblick des Sterbens legte sie ihre Hand auf den Kopf eines jungen Schauspielers, Jean Yonnel, und sagte zu ihm:

Liebe!

Jean-Louis Forain (1852–1931), dem Maler, versicherte sein Arzt, daß kein Organ wirklich angegriffen sei:

Das ist gut, so sterbe ich also geheilt.

Franz Blei (1871–1942), österreichischer Schriftsteller. Bestechend geistreicher Essayist, Kritiker und Literaturkenner:

Nehme alles zurück.

Hilaire Belloc (1870–1953), englischer Romanschriftsteller, Historiker und Essayist, der an den Folgen einer Verbrennung starb:

Besser, man verbrennt die Schriftsteller als die Bücher.

HEINRICH II. (1133–1189), König von England, starb aus Schmerz darüber, daß er sich vor seinen Feinden, unter denen einige seiner Söhne waren, demütigen mußte:

Schande, Schande über einen besiegten König!

RUDOLF VON HABSBURG (1218–1291), deutscher König, als er in Germersheim mit 73 Jahren den Tod nahen fühlte:

Zu den andern will ich, hin nach Speyer, wo viele meiner Vorgänger liegen, die auch Könige waren. Und daß man mich nicht hinbringen muß, will ich lieber selber zu ihnen geritten kommen.

ROBERT BRUCE (1274–1329), König von Schottland, der geschworen hatte, ins Heilige Land zu ziehen, zu William von Douglas:

Ich will und befehle, daß man, wenn ich gestorben bin, meinen Leib öffnet und mein Herz herausnimmt. Ihr werdet es einbalsamieren und mit euch ins Heilige Land nehmen. Wohin ihr kommt, macht bekannt, daß ihr das Herz des Königs Robert von Schottland bei euch tragt, das ihr auf seinen Befehl übers Meer gebracht habt, weil sein Körper nicht hierher kommen konnte. Ihr versprecht es mir? Dank sei Gott! So kann ich in Frieden sterben.

PIERRE TERRAIL, SEIGNEUR DE BAYARD (1473–1524), »Der Ritter ohne Furcht und Tadel«, das Ideal des untergehenden mittelalterlichen Rittertums. Beim Rückzug des französischen Heeres aus der Lombardei tödlich verwundet, ließ er sich zu Füßen eines Baumes so niederlegen, daß er die anstürmenden Kaiserlichen (unter Karl V.) vor Augen hatte:

Ich habe niemals dem Feind den Rücken gekehrt, ich will damit nicht am Ende meines Lebens anfangen.

LOUISE VON SAVOYEN (1476–1531), Mutter Franz' I. von Frankreich, bemerkte drei Tage vor ihrem Tode vor ihrem Fenster ein seltsames Licht, das ihr ganzes Zimmer erhellte. Sie ließ das Fenster öffnen; es war ein Komet:

Ah, sagte sie, das ist ein Zeichen, das nicht für kleine Leute erscheint. Das ist ein Komet, der meinen Tod ankündigt. Es gilt also, sich vorzubereiten.

ANNE DUC DE MONTMORENCY (1493–1567), Konnetabel von Frankreich, vor Saint-Denis tödlich verwundet, zu dem Kapuzinermönch, der ihn mit den letzten Tröstungen versah:

Glaubt Ihr, daß ein Mann, der fast achtzig Jahre in Ehren zu leben verstanden hat, nicht eine Viertelstunde mit Anstand zu sterben weiß?

ELIZABETH I. (1533–1603), Königin von England. Vier Tage vor ihrem Tode noch auf den Beinen, wurde sie von ihrem Staatssekretär Robert Cecil ermahnt: »Madam, schon um das Volk zu beruhigen, müssen Sie sich zu Bett legen«:

Kleiner Mensch, der Ausdruck ›müssen‹ ist nicht angebracht, wenn man sich an Fürstlichkeiten wendet.

Darauf fiel sie in eine Erstarrung und konnte sich bis zum Ende nur noch durch Gesten mitteilen.

HENRI IV. (1553–1610), König von Frankreich und Navarra, nach dem ersten Dolchstoß von Ravaillac:

Ich bin verwundet.

Nach dem zweiten Stoß, der die Lunge traf und bevor ihm das ausströmende Blut den Mund schloß, sagte er auf die Frage des Herrn de Montbazon: »Sire, was ist denn?«:

Es ist nichts.

ARMAND JEAN DU PLESSIS, DUC DE RICHELIEU (1585–1642), Kardinal, der leitende Minister Ludwigs XIII. Zum Pfarrer von Saint-Eustache, der ihn ermahnte, seinen Feinden zu verzeihen:

Ich habe nie andere Feinde gehabt als die Feinde des Staates.

RICHARD CARTER († 1692), englischer Admiral, der vor der französischen Küste fiel:

Verteidigt das Schiff! Verteidigt das Schiff, solange es sich über Wasser halten kann!

Karl XII. (1682–1718), König von Schweden, im Kampf gegen Norwegen vor Frederikshall gefallen:

Habt keine Angst!

James Wolfe (1727–1759), englischer General, der in der Schlacht vor Quebec fiel. Als man ihm den Rückzug der französischen Truppen unter Montcalm meldete:

Gott sei gelobt! So sterbe ich glücklich.

Marquis Louis de Montcalm (1712–1759), französischer General und Gegner Wolfes, wurde in der Schlacht ebenfalls tödlich verwundet. Er fragte seinen Wundarzt: »Wieviel Stunden habe ich noch zu leben? Sagen Sie mir die Wahrheit wie ein aufrichtiger Freund!« Und als der Arzt bezweifelte, daß er die Nacht überleben werde:

Um so besser! So brauche ich die Engländer nicht in Quebec zu sehen.

Aristide Aubert du Petit-Thouars (1760–1798), Kommandant der »Le Tonnant«, bei Abukir tödlich verwundet, rief der dezimierten Besatzung zu:

Ergebt euch nicht, nie!

Horatio Nelson (1758–1805), der berühmte englische Admiral, bot in der Seeschlacht bei Trafalgar im Paraderock, in der Tasche die Miniatur seiner Geliebten, Lady Hamilton, den französischen Scharfschützen des Linienschiffes »Redoutable« ein weithin sichtbares Ziel. Er erhielt einen Rückenmarkschuß:

Gott sei Dank! Ich habe meine Pflicht getan.

Als man ihn davontrug, wiederholte er mehrmals:

Nicht ins Meer werfen! Bringt meinen Leib nach England!

THEODOR KÖRNER (1791–1813), der in das Lützowsche Freikorps eingetreten war, fiel vor Gadebusch:
Es hat mich erwischt, aber es macht nichts.

JOSEPH PONIATOWSKI (1762–1813), polnischer General, Marschall von Frankreich. Beim Rückzug der Franzosen stürzte er sich, um nicht gefangen zu werden, zu Pferd in die Elster, die damals Hochwasser führte:
Gott hat mir die Ehre der Polen anvertraut, ich werde sie nur Gott zurückgeben.

NAPOLEON I. (1769–1821), im Delirium:
Frankreich, Armee, Spitze der Armee, Joséphine ...

CAMILLO DI CAVOUR (1810–1861), italienischer Staatsmann, der die nationale Einigung Italiens herbeiführte. Zu seiner Nichte, der Marquise Alfieri:
Adieu und nochmals Dank, liebe Kleine!
Dann zum Pater Giacomo:
Bruder, die freie Kirche im freien Staat!

SUN YAT-SEN (1866–1925), Führer der Revolution und Schöpfer der Republik China:
Kampf ... rettet China!

HENRI BARBUSSE (1873–1935), französischer Schriftsteller. Er starb an Lungenentzündung während einer Reise nach Moskau, wo er eine weltweite Opposition gegen Mussolinis Äthiopienkrieg zustande bringen wollte. Zu seiner Sekretärin Annette Vidal:
Telefonieren Sie, sagen Sie, daß man die Bewegung noch verstärken, breiter, universeller machen muß ... Das ist das einzige Mittel, die Welt zu retten.

GETULIO VARGAS (1883–1954), brasilianischer Politiker, Diktator und Staatspräsident, hinterließ eine Notiz vor seinem Selbstmord:

Ich habe gegen die Ausbeutung des Volkes gekämpft. Ich kämpfte mit offener Brust. Der Haß, die Infamie, die Verleumdungen haben meinen Geist nicht niedergeschlagen. Wie ich für euch gelebt habe, sterbe ich für euch. Heiter tue ich den Schritt in die Ewigkeit und verlasse das Leben, um in die Geschichte einzugehen.

MARTIN LUTHER KING (1929–1968), Baptistenpfarrer, einer der Führer der amerikanischen Schwarzen und ein Apostel der Gewaltlosigkeit. Am 4. April 1968 wurde er in Memphis durch einen Revolverschuß getötet, während er am Balkongeländer seines im zweiten Stock gelegenen Hotelzimmers lehnte. 24 Stunden vor seinem Ende sagte King bei einer Rede in Memphis:

Wie jeder andere würde ich gern ein langes Leben führen. Aber ich sorge mich nicht darum. Ich will nur Gottes Willen ausführen, und er hat mir gewährt, den Berg zu besteigen. Ich sehe das Gelobte Land. Ich kann vielleicht nicht mit euch dahin gelangen, aber ihr sollt heute abend wissen, daß wir als Volk das Gelobte Land erreichen werden.

THOMAS MORE, Morus (1478–1535), Lordkanzler und Humanist, dem Erasmus sein ›Lob der Torheit‹ widmete; Verfasser der ›Utopia‹, strenggläubiger Katholik. Weil er sich weigerte, den königlichen Primat über die englische Kirche und die Ungültigkeit der ersten Ehe Heinrichs VIII. anzuerkennen, wurde er hingerichtet. Beim Besteigen des Schafotts:

Ich bitte Euch, Leutnant, mir beim Hinaufsteigen behilflich zu sein. Was das Hinabsteigen betrifft, so werde ich allein gut zurechtkommen.

Er forderte die Menge auf, für ihn zu beten, kniete nieder und sprach das Miserere. Dann heiter zum Scharfrichter:

Du bist im Begriffe, mir den größten Dienst zu leisten, den ein Sterblicher mir erweisen kann. Nimm deinen Mut zusammen, mein Junge, und erschrick nicht vor deiner Aufgabe! Mein Hals ist nämlich sehr kurz, gib acht, daß du nicht daneben schlägst, denn es geht um deine Ehre.

Er verband sich selbst die Augen und strich seinen Bart zur Seite, indem er sagte:

Es wäre traurig, wenn das abgeschnitten würde, was keinen Verrat begangen hat.

ANNE BOLEYN (1507–1536), zweite Gemahlin Heinrichs VIII., lächelte dem Scharfrichter zu, indem sie mit beiden Händen ihren Hals umfaßte:

Ihr werdet keine große Arbeit haben, denn er ist dünn, sehr dünn.

ÉTIENNE DOLET (1509–1546), französischer Gelehrter und Drucker, der als Atheist gefoltert und verbrannt wurde:

Mein Fleisch gehört euch, aber meine Gedanken sind unverletzlich und unangreifbar. Zwischen uns wird die Nachwelt entscheiden.

GEORGE WISHART (um 1513–1546), schottischer Märtyrer. Vom Scharfrichter um Vergebung gebeten, küßte er ihn:

Komm her zu mir ... schau, das ist ein Zeichen, daß ich dir vergebe. Und nun, mein Herz, walte deines Amtes!

JANE GREY (1537–1554), Großnichte Heinrichs VIII., wurde auf Befehl der englischen Königin Maria Tudor, die als Verfolgerin der Protestanten den Beinamen »Die Blutige« trug, hingerichtet. Als Jane Grey den Richtblock gewahrte, rief sie:

Gnade! Richtet mich schnell hin!

Sie knüpfte sich ein Tuch über die Augen und fragte, ins Ungewisse tappend:

Was muß ich tun? Wo ist es?

HUGH LATIMER (um 1472–1555), Bischof von Worcester, wurde, gleichfalls auf Befehl Maria Tudors, lebendig verbrannt. Zum Bischof Ridley, seinem Gefährten bei der Hinrichtung:

Seid guten Muts, Meister Ridley, und haltet Euch wie ein Mann! Wir werden mit Gottes Hilfe heute eine Fackel in England entzünden, die kein Mensch je wieder löschen wird.

ANTHONY BABINGTON (1561–1586) wurde gevierteilt, weil er eine Verschwörung gegen die Königin Elizabeth zugunsten Maria Stuarts angezettelt hatte:

Die Königin zu ermorden, erschien mir als eine legale und verdienstvolle Tat. Ich sterbe als treuer Katholik.

WALTER RALEIGH (1552–1618), englischer Seefahrer und Staatsmann, auf Befehl Jakobs I. enthauptet, zum Scharfrichter:

Zeig mir das Beil! Glaubst du, daß ich Angst habe?

Nachdem er die Schneide geprüft hatte:

Das Heilmittel ist scharf, aber wirksam gegen alle Übel.

Mit dem Kopf auf dem Richtblock:

Was zauderst du! Schlag zu, Mann, schlag zu!

KARL I. (1600–1649), König von England, auf Befehl Cromwells enthauptet:

Ich vertausche eine vergängliche Krone mit einer unvergäng-

lichen. Dort wird keine Unruhe sein, sondern Frieden und Freude für immer.

Bevor er seinen Kopf auf den Richtblock legte:

Der Block hätte ein bißchen höher sein können. Nun, man muß sich mit ihm begnügen, so wie er ist.

HOWARD WILLIAM, VISCOUNT OF STAFFORD (1614–1680), wurde wegen eines Komplotts gegen Karl II. von England geköpft. Bevor er den Tower verließ, verlangte er einen Mantel:

Es könnte sein, daß ich vor Kälte zittere, aber Gott sei Dank nicht aus Angst.

JAMES SCOTT, DUKE OF MONMOUTH (1649–1685), natürlicher Sohn Karls II. von England, wurde enthauptet, weil er gegen Jakob II. konspiriert hatte. Er gab dem Henker 6 Guineen und sagte zu seinem Diener:

Nimm den Rest und gib es ihm, wenn er gute Arbeit gemacht hat!

HERMANN VON KATTE (1708–1730), Leutnant, wurde auf Befehl Friedrich Wilhelms I. hingerichtet, weil er dem Kronprinzen, dem späteren Friedrich II., bei dessen Fluchtplänen behilflich gewesen war. Aus dem Festungsfenster, von dem er befehlsgemäß der Exekution zusehen mußte, rief Friedrich, bevor er ohnmächtig wurde: »Pardonnez moi, mon cher Katte!« Katte:

La mort est douce pour un si aimable prince! – Der Tod für einen so liebenswürdigen Fürsten ist süß!

EUGEN ARAM (1704–1759), englischer Lehrer, der ein vergleichendes Lexikon der englischen, lateinischen, griechischen, hebräischen und keltischen Sprache verfaßte. 1745 wurde sein Freund Daniel Clark ermordet. 15 Jahre später wurde Aram des Mordes überführt; er behauptete, Clark habe ein Verhältnis mit seiner Frau gehabt. Als er am Schafott gefragt wurde, ob er noch etwas zu sagen habe, antwortete er nur:

Nein.

Marquis Thomas de Favras (1744–1790) royalistischer Agent, nachdem er sein Todesurteil gelesen hatte, zu dem Gerichtsschreiber:

Sie haben drei orthographische Fehler gemacht, Monsieur.

Ludwig XVI. (1754–1793), auf den Stufen des Schafotts am 21. Januar:

Ich sterbe unschuldig an all den Verbrechen, die man mir vorwirft, ich verzeihe allen meinen Feinden, ich wünsche, daß mein Blut Frankreich nützt und den Zorn Gottes besänftigt. Und du, unglückliches Volk ...

Hier übertönte ein Trommelwirbel seine Stimme.

Marie-Antoinette (1755–1793), Gattin Ludwigs XVI., Tochter Maria Theresias, trat dem Henker versehentlich auf den Fuß:

Pardon, Monsieur, es geschah nicht mit Absicht.

Madame Elisabeth (1764–1794), Schwester Ludwigs XVI. Auf dem Schafott:

Ich nenne mich Elisabeth, Schwester des Königs von Frankreich.

Ihr Halstuch war ihr von den Schultern geglitten und ließ eine Heiligenmedaille sichtbar werden. Der Gehilfe des Henkers wollte sie ihr wegnehmen:

Im Namen Ihrer Mutter, mein Herr, lassen Sie es mir!

Manon Roland (1754–1793), Politikerin, schrieb im Gefängnis ›Mes dernières pensées‹. Sie ging heiter zur Guillotine. Mit ihr wurde ein Mann namens Lamarche, ehemaliger Direktor des Münzamtes, hingerichtet, der weniger heroisch war. Madame Roland sagte zu ihm:

Gehen Sie zuerst, damit ich Ihnen wenigstens den Schmerz erspare, mein Blut fließen zu sehen.

Als der Henker Einspruch erhob, sagte sie lächelnd:

Aber Sie können doch, dessen bin ich sicher, einer Frau nicht ihre letzte Bitte abschlagen.

Als sie die große Freiheitsstatue mitten auf dem Platz sah:

Ach Freiheit, welche Verbrechen begeht man in deinem Namen!

Hier sei angefügt, was Goethe in ›Sprüche in Prosa‹ schrieb: »Madame Roland, auf dem Blutgerüste, verlangte Schreibzeug, um die ganz besondern Gedanken aufzuschreiben, die ihr auf dem letzten Weg vorgeschwebt. Schade, daß man ihrs versagte; denn am Ende des Lebens gehen dem gefaßten Geiste Gedanken auf, bisher undenkbare; sie sind wie selige Dämonen, die sich auf den Gipfeln der Vergangenheit glänzend niederlassen.«

JEAN-MARIE ROLAND DE LA PLATIERE (1734–1793), Madame Rolands Mann, Girondist, beging auf die Nachricht vom Tode seiner Gattin Selbstmord und hinterließ folgende Zeilen:

Nicht aus Furcht, sondern aus Ekel ziehe ich mich zurück, da ich erfahren habe, daß mein Weib ermordet wurde. Ich will nicht länger auf einer Erde bleiben, die von Verbrechen besudelt ist.

CHARLOTTE CORDAY (1768–1793), eine Nachfahrin Corneilles, schön und von männlichem Geiste, brach aus ihrem Vaterhaus in Caen auf und erstach am 13. Juli 1793 Marat, in dem sie das geistige Haupt der Pöbelherrschaft sah, im Bad. Sie wurde am 17. Juli guillotiniert. Am Tag zuvor schrieb sie an ihren Vater:

Ich bitte Sie, sich meines Schicksals zu freuen. Seine Ursache ist schön. Vergessen Sie nie Corneilles Vers: Verbrechen nur, nicht das Schafott wirkt Schande. Morgen um 8 Uhr werde ich abgeurteilt.

Vor der Hinrichtung ließ sie einen jungen Offizier namens Hauer, der Maler war und während der Verhandlung eine Skizze von ihr gemacht hatte, zu sich ins Gefängnis kommen. Sie sprachen anderthalb Stunden ruhig miteinander. Als der Henker kam, entfuhr ihr:

Wie, schon?

Dann mit wiedergewonnener Fassung zu ihrem Besucher:

Mein Herr, ich weiß nicht, wie ich Ihnen für die Mühe, die Sie sich meinetwegen gemacht haben, danken soll. Ich kann Ihnen nichts anbieten als dies hier. Bewahren Sie es als Andenken an mich!

Sie schnitt sich eine Locke ab und reichte sie dem jungen Mann.

JEAN-SYLVAIN BAILLY (1739–1793), Politiker und Literat, ehemaliger Bürgermeister von Paris, wurde am 11. November hingerichtet. In eisigem Regen sagte der Scharfrichter zu ihm: »Du zitterst, Bailly.« Er antwortete:

Ja, mein Freund, mir ist kalt.

COMTESSE DUBARRY (1744–1793), geborene Marie-Jeanne Bécu, war Verkäuferin in einem Wäschegeschäft. Mit 19 Jahren lernte sie den Grafen Guillaume Dubarry kennen, der sie Ludwig XV. als Mätresse zuführte. 1769 wurde sie bei Hofe eingeführt. Auf dem Schafott weinte sie und schrie:

Gnade, Gnade, Herr Scharfrichter! Nur noch einen Augenblick! Hilfe, Hilfe!

ARMAND LOUIS DE GONTAUT, DUC DE BIRON (1747–1793), General, aß Austern und trank Wein, als die Henker kamen:

Da, nehmt diesen Wein! Bei eurem Handwerk werdet ihr so etwas nötig haben.

JEAN-FRANÇOIS DUCOS (1765–1793), Politiker. Bevor er seinen Kopf auf den Richtblock legte:

Es gibt nur ein Mittel, uns zu retten. Der Konvent muß ein Dekret erlassen, das uns die Einheit und Unabtrennbarkeit unserer Köpfe garantiert.

GEORGES-JACQUES DANTON (1759–1794) wollte am Fuß des Schafotts Hérault de Séchelles umarmen. Zu dem Henker, der das nicht zuließ:

Dummkopf, kannst du verhindern, daß sich unsere Köpfe auf dem Boden des Korbs küssen?

Auf dem Schafott:

Es stirbt sich nicht leicht, wenn man Frau und Kinder zurückläßt. – Vorwärts, Danton, keine Schwäche!

Zuletzt zum Scharfrichter Samson, indem er auf seinen Kopf deutete:

Zeig ihn dem Volk, es lohnt sich. Die Dummköpfe werden schreien: ›Es lebe die Republik!‹, und bald wird sie keinen Kopf mehr haben.

Camille Desmoulins (1760–1794), Journalist und Politiker, als man ihm die Hände fesselte:

Das ist der Lohn für den ersten Apostel der Freiheit! Die Ungeheuer, die mich ermorden, werden mich nicht lange überleben.

Nachdem er dem Henker eine blonde Locke von Lucile mit der Bitte gegeben hatte, sie seiner Schwiegermutter zu überbringen:

O meine arme Frau!

Das war am 5. April. Am 13. April wurde *Lucile*, 23 Jahre alt, hingerichtet. Sie sagte freudig:

In wenigen Stunden werde ich meinen Camille wiedersehen.

Guillaume de Lamoignon de Malesherbes (1721–1794) stieß auf dem Weg zum Schafott an einen Stein und stolperte:

O, o, das nennt man ein schlechtes Vorzeichen. Ein Römer wäre an meiner Stelle umgekehrt.

Anarchis Clootz (1755–1794), der sich selbst den »Redner der Menschheit« nannte, predigte auf dem Karren, der ihn zur Richtstätte fuhr, seinen Gefährten seine materialistische Lehre und wünschte, als letzter guillotiniert zu werden:

Ich möchte noch einige Tatsachen konstatieren können, während ich die Köpfe meiner Kameraden fallen sehe.

Louis de Saint-Just (1767–1794) starb auf dem Schafott unter eisigem Schweigen.

Maximilien de Robespierre (1758–1794) wurde am selben Tag wie Saint-Just hingerichtet; auch von ihm ist kein letztes Wort überliefert.

Adrien Lamourette (1742–1794), Abgeordneter in der Gesetzgebenden Versammlung, in Erwartung seines Todesurteils:

Was ist die Guillotine schon? Ein Stups ins Genick.

Friedrich Freiherr von der Trenck (1726–1794), Sohn eines preußischen Generals, im Zweiten Schlesischen Krieg Ordonnanz Friedrichs des Großen, mit dessen zweiter Schwester Amalie er ein Liebesverhältnis unterhielt. Bei einer Wachparade warnte ihn der König indirekt. Kurz darauf wurde er unter dem Vorwand des Verrats ohne Gerichtsverfahren auf der Festung Glatz festgesetzt, aus der ihm, nach mehreren gescheiterten Versuchen, die Flucht gelang. Nach einem unsteten Wanderleben durch viele Städte Europas wurde er österreichischer Rittmeister. 1752 wurde er in Danzig verhaftet und den Preußen übergeben. Ohne Urteil saß er fast zehn Jahre auf der Festung Magdeburg, bis Maria Theresia seine Freilassung erwirkte. Die ungerechte Haft hatte seinen Namen in ganz Europa bekanntgemacht. Er gab die ›Aachener Zeitung‹ heraus, die mit großem Freimut Mißstände im Lande kritisierte, lebte dann jahrelang in Ungarn als Landwirt, schrieb seine dreibändige Lebensgeschichte, politische Streitschriften und Satiren. Anfang 1793 ging er nach Paris, im Juli 1794 wurde er wegen angeblicher Verschwörung zur Wiederherstellung des Königtums verhaftet. Zwar wurde diese Anklage fallengelassen, doch wurde er beschuldigt, seine Flucht geplant zu haben. Zu seinen Richtern sagte er, es sei das Recht jedes Eingekerkerten, sich zu befreien.

Auf dem Wege zum Schafott sagte er zu den Schaulustigen:

Was wollt ihr? Das ist nur ein kleines Lustspiel à la Robespierre!

Louis-Antoine, Duc d'Enghien (1772–1804) wurde auf Befehl Napoleons aus Baden entführt und in Vincennes erschossen. Als man ihn in die Gräben der Festung führte, rief er:

Will man mich lebend in diesen Verliesen verschwinden lassen? Ich würde lieber sofort sterben.

Als er das Peloton sah:

Gott sei Dank! So sterbe ich wenigstens einen Soldatentod. Vorwärts, meine Freunde!

Eine Stimme antwortete: »Du hast hier keine Freunde mehr.«

Andreas Hofer (1767–1810), Tiroler Patriot, in Mantua am 21. Februar füsiliert, weil er einen Aufstand gegen die französische Besatzung unternommen hatte. Am Morgen schrieb er an einen Freund:

Adee meine schneede Welt, so leicht khombt mir das sterben vor, das mir nit die Augen naß werden. – Geschrieben um 5 Uer in der Frue. Und um 9 Uer Reiß ich mit der hilf aller heillig zu Gott.

Michel Ney (1769–1815), Sohn eines aus Württemberg stammenden Böttchers, stieg in den Revolutionskriegen zum General auf. 1814 von König Ludwig XVIII. zum Pair ernannt, ging er nach der Rückkehr Napoleons von Elba wieder zu diesem über und führte bei Waterloo die alten Garden. Er wurde von der Pairskammer zum Tode verurteilt.

Ich weiß, daß ich sterben muß, und fürchte den Tod nicht. Aber ich bin Pair von Frankreich und will nicht wie ein Tambour behandelt werden.

Er wurde an einem kalten düsteren Tag zur Erschießung gefahren.

Das ist ein häßlicher Tag,

sagte er, und zu dem Priester vor dem Wagen, der sie erwartete:

Steigen Sie zuerst ein, Herr Abbé! Ich werde schneller als Sie dort oben sein.

Vor dem angetretenen Peloton wollte man ihm die Augen verbinden:

Wißt ihr nicht, daß ich seit 25 Jahren die Angewohnheit habe, den Kugeln entgegenzusehen?

Dann:

Ich protestiere vor Gott und dem Vaterland gegen das Urteil, das mich verdammt. Ich appelliere an die Nachwelt, an Gott. Es lebe Frankreich!

Joachim Murat (1767–1815), Sohn eines Gastwirts, Marschall von Frankreich, seit 1808 König von Neapel. Nach der Niederlage Napoleons bei Waterloo versuchte er, von Korsika aus Neapel zurückzuerobern. Er wurde von den Österreichern gefangengenommen und füsiliert:

Soldaten, tut eure Pflicht! Zielt aufs Herz, aber verschont das Gesicht!

Robert Blum (1807–1848) war in der 48er Revolution einer der populärsten Organisatoren der bürgerlichen Demokratie und tat sich als Redner in der Paulskirche hervor. Bei der Verteidigung Wiens gegen Windischgrätz wurde er kämpfend gefangengenommen, vom Kriegsgericht verurteilt und erschossen, was einen Sturm der Empörung im deutschen Bürgertum hervorrief und zum offenen Bruch der österreichischen Reaktion mit der Frankfurter Nationalversammlung führte. Bei seiner Erschießung versuchte Blum, die Augenbinde herunterzureißen:

Ich will dem Tod ins Auge sehen ... Ich sterbe für die Freiheit. Möge mein Land meiner gedenken!

Mata Hari, mit ihrem bürgerlichen Namen Margarete Gertruida Zelle (1876–1917). Die niederländische Tänzerin wurde während des Ersten Weltkriegs als deutsche Spionin in Paris hingerichtet. Zu dem Offizier, der »Feuer!« befahl:

Monsieur, ich danke Ihnen!

Claus Graf Schenk von Stauffenberg (1907–1944), Oberst im Generalstab, wurde nach dem fehlgeschlagenen Attentat auf Hitler am 20. Juli 1944 im Hof des Oberkommandos der Wehrmacht in der Bendlerstraße in Berlin erschossen:

Es lebe das heilige Vaterland!

Hans-Bernd von Haeften (1905–1944), Jurist und Diplomat, ein Freund Stauffenbergs. Er war Mitglied des Kreisauer Kreises und gläubiger Christ. In der Verhandlung vor dem Volksgerichtshof am 15. August (er wurde am selben Tag hingerichtet) sagte er:

Juristisch ist es Verrat, tatsächlich nicht, denn eine Treuepflicht habe ich nicht mehr empfunden. Ich sehe in Hitler den Vollstrecker des Bösen in der Geschichte.

In dem Abschiedsbrief an seine Frau bezeichnet er seine Zustimmung zu dem Attentat als Sünde, aber:

ich habe alles dieses getan in der Meinung und dem Willen, recht zu tun vor Gott.

Erwin Rommel (1891–1944), Generalfeldmarschall, wurde von Hitler zum Selbstmord gezwungen. Andernfalls sollte er wegen seines Einverständnisses mit den Verschwörern des 20. Juli vor den Volksgerichtshof gestellt und die sogenannte Sippenhaft über seine Familie verhängt werden. Er befand sich damals nach einer schweren Verletzung durch einen Fliegerangriff in seinem Haus in Herrlingen bei Ulm. Seine letzten Worte zu Hauptmann Aldinger:

Ich habe mit meiner Frau gesprochen und mich entschieden. Ich werde mir niemals erlauben, von diesem Menschen Hitler gehenkt zu werden. Ich habe keinen Mord geplant. Ich versuchte nur, meinem Volk zu dienen, wie ich es mein Leben lang getan habe, aber jetzt ist es das, was ich tun muß. In etwa einer halben Stunde wird ein Telefonanruf aus Ulm kommen, daß ich einen Unfall gehabt habe und tot bin.

Julius Leber (1891–1945), sozialdemokratischer Politiker, Mitglied des Kreisauer Kreises. In einem letzten Brief an die Freunde schrieb er:

Für eine so gute und gerechte Sache ist der Einsatz des eigenen Lebens der angemessene Preis. Wir haben getan, was in unserer Macht gestanden hat. Es ist nicht unser Verschulden, daß alles so und nicht anders ausgegangen ist.

Claretta Petacci, Mussolinis Geliebte, wurde zusammen mit diesem am 28. April 1945 über Dongo am Comer See von italienischen Partisanen erschossen. Ihr letzter Ausruf:

Mussolini darf nicht sterben!

Adolf Hitler (1889–1945) zu Goebbels, bevor er sich mit Eva Braun tötete:

Goebbels, ich verlange von Ihnen die Versicherung, daß meine Leiche und die meiner Frau gut verbrannt werden. Es darf nichts dazwischenkommen!

Joseph Goebbels (1896–1945), bevor er sich durch einen Revolverschuß tötete, zu seinem Adjutanten:

Alles ist zu Ende. Meine Frau und ich gehen in den Tod. Sie werden unsere Leichen verbrennen! Können Sie das tun? ... Hier, das schenke ich Ihnen.

Er gab ihm eine Fotografie von Hitler, die auf seinem Schreibtisch stand.

Magda Goebbels (1899–1945), seine Frau, tötete ihre sechs Kinder, bevor sie sich selbst vergiftete. Zu dem Adjutanten:

Sie sehen, wir gehen anständig in den Tod. Wenn Sie nochmals Harald (ihren Sohn aus erster Ehe) wiedersehen, dann grüßen Sie ihn von uns und sagen Sie ihm, daß wir anständig in den Tod gegangen sind.

Pierre Laval (1883–1945), französischer Staatsmann, der wegen Kollaboration mit den Deutschen erschossen wurde:

Vive la France!

Montherlant macht – ohne Bezug auf Laval – in seinen Tagebüchern die ganz unpathetisch gemeinte Bemerkung, für einen Franzosen, der etwas auf sich halte, sei dieser Ruf, wenn er erschossen werde, obligatorisch.

Jakob, der Stammvater Israels und hebräischer Patriarch (etwa 18. Jahrhundert v. Chr.), zu seinen zwölf Söhnen:

Wenn ich eingegangen bin zu meinen Stammesgenossen, so bringt mich in die Gruft meiner Vorfahren, in die Höhle auf dem Grundstück, welches Abraham vom Hethiter Ephron zum Erbbegräbnis gekauft hat. Dort haben sie Abraham und sein Weib Sara bestattet; dort haben sie Isaak und sein Weib Rebekka bestattet, und dort habe ich Lea bestattet.

Konradin (1252–1268), Herzog von Schwaben, der letzte Hohenstaufer, wurde in Neapel auf Befehl Karls von Anjou enthauptet:

O Mutter, welch tiefen Schmerz wird dir die Nachricht von diesem Tag bereiten!

Karl VI. der Wahnsinnige (1368–1422), König von Frankreich. Nach der Schlacht von Azincourt, durch die er die Normandie verlor, übernahm Heinrich V. von England die Regentschaft. In einem lichten Moment erkannte Karl seine Geliebte Odette von Champsdivers und deren Tochter:

Meine Tochter, ich gebe dir ... Ich vergesse, daß der König von Frankreich nichts mehr besitzt. Er kann nur seinen Segen geben.

Sterbend seufzte er:

Odette, Odette!

Nicolas Vauquelin, Sieur des Yvetaux (1559–1649), im Augenblick des Sterbens zu seiner Frau:

Liebste, spiel mir auf dem Clavichord diese schöne Sarabande, damit ich heiter hinübergehe.

Philipp Christoph Graf von Königsmarck (1665–1694), Bruder der Gräfin Aurora von Königsmarck, der Geliebten Augusts des Starken. Er hatte ein Liebesverhältnis mit der Kurprinzessin Sophie Dorothea, die seit 1682 die Gemahlin ihres Vetters Georg Ludwig von Hannover, des späteren Königs Georg I. von Großbritannien, war, von dem sie 1694 geschieden wurde. Die letzten Zeilen, die Königsmarck an seine Geliebte schrieb, lauteten:

Ich habe nicht Gewalt über mich, Sie zu lassen, und wenn nicht der Tod darüber entscheidet – ich werde es nie tun.

Sollte ich gerädert, massakriert und vergiftet oder lebendig verbrannt werden, so werde ich es nicht tun und nicht tun können.

Königsmarck verschwand, offenbar ermordet, spurlos in der Nacht vom 1. zum 2. Juli 1694.

Anne, genannt Ninon de Lenclos (1620–1705), die Favoritin bedeutender Männer, die sie nicht nur durch ihre körperlichen Reize, sondern auch durch Bildung und Anmut bezauberte. Ihr wird manchmal als letztes Wort zugeschrieben:

Bah, ich lasse nur Sterbliche zurück!

Der Ausspruch stammt zwar von ihr, doch hat sie ihn in ihrer Jugend getan. Ihr Vater, der mit 56 Jahren starb, hinterließ ihr folgendes Vermächtnis, das sie getreulich erfüllt hat:

Komm näher, Ninon! Du siehst, daß mir in diesem Augenblick nur die Erinnerung an die vergangenen Vergnügungen bleibt. Ich habe sie nicht lange genießen können, und das ist das einzige, was ich der Natur vorwerfe. Du, die du mich überlebst, nutze die kostbare Zeit und mach dir nie Gedanken über die Zahl, sondern nur über die Wahl deiner Vergnügungen!

Prosper Jolyot de Crébillons Frau starb 1711, nach vierjähriger Ehe mit dem Dramatiker (1674–1762). Ihr Mann fand sie eines Tages tief verstört von einer Vision, die sie gehabt hatte. Er versuchte, sie zu überzeugen, daß es eine Einbildung, eine Bewegung des Vorhangs gewesen sei, aber sie war nicht davon abzubringen:

Nein, nein, es war der Tod, ich habe ihn wiedererkannt, denn es ist nicht das erste Mal, daß er sich mir zeigt. Ach, Liebster, wie schmerzlich, wie entsetzlich ist es, unter die Erde gebettet zu werden. Wenn du mich liebst, wie ich dich liebe, laß mich keinen Augenblick allein, hilf mir zu sterben! Wenn du da bist, werde ich glauben, daß ich nur einschlafe.

Am nächsten Morgen:

Es geht zu Ende. Spür, mein Herz schlägt zu schnell, als daß es noch lange schlagen könnte. Aber ich werde ohne Klage sterben, denn ich sehe an deinen Tränen, daß du an mich denken wirst.

MADAME DE FONTAINE-MARTEL († 1730), eine galante Dame aus der Zeit der Regentschaft und Freundin Voltaires, fragte im Augenblick des Sterbens nach der Uhrzeit, schloß die Augen und sagte mit einem Seufzer:

Mich tröstet die Gewißheit, daß zu dieser Stunde sich irgendwo ein Paar lieben wird.

ADRIENNE LECOUVREUR (1692–1730), französische Schauspielerin. Von dem Geistlichen gedrängt, zu bereuen, deutete sie auf die Büste des Marschalls von Sachsen, den sie geliebt hatte:

Das ist mein Universum, meine Hoffnung und meine Gottheit.

Ihr wurde deswegen ein christliches Begräbnis verweigert.

ROBERT FERGUSSON (1750–1774), schottischer Dichter, starb im Irrenhaus:

Oh, geh noch nicht, Mutter ... ich hoffe bald ... oh, geh noch nicht, verlaß mich nicht!

MADEMOISELLE OLIVIER (1764–1787), Schauspielerin, zu ihrem Liebhaber, dem Chevalier de Verniac, der sie verlassen hatte und gekommen war, um sie in seine Arme zu schließen:

Du liebst mich nicht mehr ... Es ist zu spät, es ist Schluß, meine Augen verlöschen. Ich sehe dich nicht mehr. Ach! ...

CHARLES BONNET (1720–1793), Genfer Philosoph, der an die Metamorphose aller beseelten Wesen, an die Seelenwanderung, die er Palingenesie nannte, glaubte. Zu seiner Frau:

Gott erweist mir eine große Gnade, indem er mich vor dir aus dieser Welt zurücknimmt. Ich habe immer gezittert bei dem Gedanken, dich zu überleben. Ich verlasse dich jetzt, aber ich bin gewiß, daß ich mich immer des Glücks erfreuen kann, dich zu lieben.

LUDWIG XVII. (1785–1795), der Sohn Ludwigs XVI., der von den Revolutionären bei einem rohen Schuster in Pflege gegeben worden war:

Ich leide jetzt viel weniger. Die Musik ist so wundervoll ... Hört, hört, unter all diesen Stimmen erkenne ich die meiner Mutter.

GEORG CHRISTOPH LICHTENBERG (1742–1799), Naturwissenschaftler und der geistvollste und einfallsreichste deutsche Aphoristiker, gedachte lebenslänglich mit innigster, fast religiöser Verehrung seiner Mutter. Zu Anfang seines Todesjahres notierte er:

Dies Jahr geht es ans Leben. Mutter wird helfen.

Die MARQUISE DU DEFFAND (1697–1780) antwortete auf die Mahnung des Geistlichen, zu beichten:

Ich will meinem Freund, dem Herzog von Choiseul, beichten.

CHARLES JAMES FOX (1749–1806), englischer Staatsmann und bedeutender Redner, zu seiner Frau:

Ich sterbe glücklich, aber du tust mir leid ... Es bedeutet nichts, meine liebste, liebste Liz.

Die MARQUISE DE LAFAYETTE (1769–1807) sagte auf dem Sterbebett zu ihrem Mann:

Wie glücklich ich bin! Welch eine Auszeichnung, Ihre Frau gewesen zu sein!

Sie fragte ihn noch:

Sind Sie ein guter Christ? Ach nein, ich weiß, Sie sind vor allem ein Lafayettist.

»Sie auch, glaube ich«, antwortete der General.

Ja, und ich hätte mein Leben dafür gegeben, aber vor allem muß man ein guter Christ sein.

Sie starb, indem sie seine Hand hielt, und sagte:

Ich bin ganz die Ihre.

Josephine Bonaparte (1763–1814), bis zu ihrer Scheidung Kaiserin von Frankreich, starb am 29. Mai 1814, während Napoleon seit acht Tagen auf Elba war. Sterbend murmelte sie:

Napoleon.

George Gordon Lord Byron (1788–1824), die faszinierendste Persönlichkeit der europäischen Romantik, nahm am Freiheitskampf der Griechen teil und starb vor Missolunghi. In den Armen seines Dieners delirierte er:

Griechenland ... alles vorbei ...

Bei seinen letzten Worten dachte er wahrscheinlich an seine Tochter Ada, die er lange nicht gesehen hatte:

Meine Stunde ist gekommen. Es macht mir wenig aus zu sterben. Aber ich lasse etwas Liebes zurück auf der Erde ... Jetzt will ich schlafen.

Der Herzog von Reichstadt (1811–1832), der Sohn Napoleons aus seiner zweiten Ehe mit Marie-Louise von Österreich, der bei der Geburt den Titel »König von Rom« erhielt, starb an Tuberkulose:

Ruft meine Mutter! Ruft meine Mutter!

Charlotte Brontë (1816–1855), englische Romanschriftstellerin, zu ihrem Mann:

Ich werde nicht sterben, nicht wahr? Er wird uns nicht trennen, wir sind so glücklich gewesen.

Robert Schumann (1810–1856) stürzte sich 1854 in einem Anfall von Schwermut in den Rhein. Er wurde gerettet und lebte noch zwei Jahre ein Dämmerdasein in der Heilanstalt Endenich bei Bonn. Am 23. Juli 1856 erhielt seine Frau, die Pianistin Klara Wieck, ein Telegramm: »Wenn Sie Ihren Mann noch lebend sehen wollen, eilen Sie sich herzukommen.« – »Er lächelte«, schrieb Klara Wieck, »und schlang mit großer Anstrengung den Arm um mich. Er konnte nicht sprechen. Trotzdem flüsterte er am letzten Abend:

Meine Klara ... ich weiß ...«

Thomas de Quincey (1785–1859), englischer Schriftsteller, bekannt namentlich durch seine ›Bekenntnisse eines Opiumessers‹, hielt im Delirium seine Tochter für seine Mutter:

Meine liebe, liebe Mutter, ich hatte mich geirrt ...

Was er damit meinte, weiß man nicht. Im Moment des Todes streckte er die Arme aus und rief in höchster Überraschung:

Schwester! Schwester! Schwester!

Jules Renard (1864–1910), französischer Schriftsteller und Dramatiker, kurz vor seinem Tode zu seiner Frau:

Marinette, zum ersten Mal muß ich dir einen großen, einen sehr großen Schmerz antun.

Mark Twain (1835–1910), zu seiner Tochter:

Auf Wiedersehn, Liebe, falls wir uns wiedersehn.

Mrs. Straus, die Frau des amerikanischen Geschäftsmannes Isidor Straus, weigerte sich beim Untergang der »Titanic« (15. April 1912), ihren Mann zu verlassen und in ein für Frauen reserviertes Rettungsboot zu steigen:

Wir haben vierzig Jahre zusammen gelebt und werden uns jetzt nicht verlassen.

Rose Rodin-Beuret (1844–1917) war seit ihrem zwanzigsten Lebensjahr die Gefährtin des Bildhauers Auguste Rodin. Als sie im Sterben lag, ließ er sich mit ihr trauen:

Merci, Monsieur Rodin!

Wenige Tage vorher sagte sie zu einer Freundin:

Es bekümmert mich nicht, daß ich sterbe, aber daß ich meinen Mann verlasse. Wer wird nach ihm schauen? Was soll mit dem armen Ding werden?

Amedeo Modigliani (1884–1920), der italienische Maler, der in Paris lebte und starb, zu seiner Frau:

Wir sind in ewiger Freude vereint.

Am Morgen danach beging seine Frau Selbstmord, indem sie sich aus einem Fenster des fünften Stockwerks hinabstürzte.

Ferruccio Busoni (1866–1924), italienischer Pianist, zu seiner Frau:

Liebe Gerda, ich danke dir für jeden Tag, den wir gemeinsam verlebt haben.

Anatole France (1844–1924), der französische Schriftsteller, lag infolge einer schweren Arteriosklerose viele Wochen bei voller geistiger Klarheit auf dem Sterbelager. Eines Tages bat er den Arzt um eine »gute, kleine Sache«, damit er schneller erlöst werde. Auf dessen Weigerung:

Auch so ein Vorurteil!

In der letzten Nacht stöhnte er, geplagt von Schmerzen:

Mama, Mama!

Giacomo Puccini (1858–1924), der italienische Komponist:

Elvira ... meine Frau ... meine arme Frau!

Charles W. Eliot (1834–1926), amerikanischer Pädagoge, Präsident des Harvard-College:

Ich sehe Mutter.

Nicola Sacco (1891–1927) wurde wegen eines Mordfalls in Massachusetts hingerichtet, wobei der Verdacht auf Justizirrtum nie ganz verstummt ist:

Es lebe der Anarchismus ... Addio, mamma mia, addio, mamma mia!

Sergej Diaghilew (1872–1929), russischer Impresario und Ballettmeister von internationalem Rang:

Ach, Katharina, wie schön du aussiehst!

Jules Pascin (1885–1930), französischer Maler bulgarischer Herkunft, hängte sich in seinem Atelier am Türgriff auf, nachdem er sich die Pulsadern geöffnet und mit seinem Blut an die Wand geschrieben hatte:

Verzeih, Lucy!

Arthur Conan Doyle (1859–1930), schottischer Arzt und Kriminalschriftsteller, Schöpfer der klassischen Detektivfigur Sherlock Holmes, zu seiner Frau:

Man müßte für dich eine Medaille prägen mit der Inschrift: Der besten aller Krankenschwestern!

David Herbert Lawrence (1885–1930), zu Unrecht am bekanntesten durch seinen Roman ›Lady Chatterley's Lover‹, glaubte 1925 in Mexiko, wo er an Malaria und Ruhr erkrankt war, während eines Erdbebens sterben zu müssen. Zu seiner Frau Frieda von Richthofen:

Wenn ich sterbe, war nichts von Bedeutung außer dir, gar nichts.

Joseph Joffre (1852–1931), Marschall von Frankreich, zu seinem Beichtvater:

Ich habe in meinem Leben nicht viel Böses getan, und ich habe meine Frau sehr geliebt.

Havelock Ellis (1859–1939), englischer Arzt und Schriftsteller, Verfasser sexualpsychologischer Werke, zu seiner Frau:

Du mußt zu Bett gehen. Du bist so erschöpft, und ich fühle mich besser. Vielleicht kann ich ein wenig schlafen ... Ich werde schellen, wenn ich dich brauche.

Virginia Woolf (1882–1941), englische Schriftstellerin, hinterließ vor ihrem Selbstmord eine Notiz für ihren Mann:

Ich habe das Gefühl, daß ich krank werde. Ich kann in diesen schrecklichen Zeiten nicht länger leben. Ich höre Stimmen und kann mich nicht auf meine Arbeit konzentrieren. Ich habe dagegen angekämpft, aber ich kann nicht länger kämpfen. All mein Glück verdanke ich dir, aber ich kann nicht weitermachen und dein Leben verderben.

Maurice Maeterlinck (1862–1949), belgischer Dichter, zu seiner Frau:

Für mich ist das ganz natürlich. Wenn ich in Sorge bin, ist es deinetwegen.

IX

Michel de Montaigne (1533–1592), Schriftsteller und Moralphilosoph, klagte,

daß niemand bei ihm sei, dem er die letzten Gedanken, Regungen seiner Seele (les dernieres conceptions de son âme) mitteilen könnte.

Christian Fürchtegott Gellert (1715–1769), typischer Dichter des Rokoko, fragte den Arzt, wie lange er noch zu leben habe. Auf die Antwort: »Vielleicht noch eine Stunde«:

Gott sei gelobt – noch eine Stunde mehr!

Gotthold Ephraim Lessing (1729–1781). Über seine letzten Stunden berichtet Elise Reimarus, die vertraute Freundin seiner späteren Jahre:

Am Sterbetage außerordentlich heiter, ungeachtet er seinem Lohnlakai, der den Tag eine Leiche anzurichten hatte, zweimal sagen lassen, er solle machen, daß er damit fertig würde, um die seine auch zu besorgen. Kurz vor seinem Tode läßt er sich von Daveson aus Schlözers Briefwechsel das Proklam der Jülich und Bergischen Synode vorlesen, springt auf einmal aus dem Bette, geht in ein anderes Zimmer, kommt zurück, den Todesschweiß an jedem Haar hängend, legt sich selbst nieder ins Bett, sagt zu seiner bestürzten Tochter (gemeint ist seine Stieftochter aus der ersten Ehe seiner 1777 verstorbenen Frau Eva König):

Sei ruhig, Malchen!

reicht dem Wundarzt seinen Arm, und indem man ihm sagt, sich nicht zu ängstigen, entschlummert er mit lächelndem Blick.

Nicolas Thomas Barthe (1734–1785), französischer Dramatiker, zu einem Freund:

Ich fühle wohl, daß ich in wenigen Augenblicken sterben werde. Aber sprechen wir nicht davon! Erzählen Sie mir Neuigkeiten von der Oper, sprechen Sie mir von Gluck, von seiner Iphigenie und was es sonst gibt.

THOMAS GAINSBOROUGH (1727–1788), englischer Maler, besonders bedeutend als Porträtist:

Wir kommen alle in den Himmel, und van Dyk wird auch da sein.

WOLFGANG AMADEUS MOZART (1756–1791) arbeitete bis zuletzt an dem Requiem im Bewußtsein, daß es seine eigene Totenmesse sein würde:

Habe ich nicht gesagt, daß ich es für mich geschrieben habe?

Am Tag vor seinem Tode wurde die Zauberflöte aufgeführt:

Einmal möchte ich doch noch meine Zauberflöte hören.

Bis zuletzt beschäftigte ihn das Requiem, er suchte mit dem Mund die Pauken nachzuahmen, aber die Kraft verließ ihn, und er legte weinend die Partitur beiseite. Um Mitternacht des 5. Dezember 1791 starb er.

NOVALIS, Friedrich von Hardenberg (1772–1801). Wie sein Bruder Carl in seiner Biographie mitteilt, habe er einige Tage vor seinem Tode gesagt:

Wenn ich erst wieder besser bin, dann sollt ihr erst erfahren, was Poesie ist. Ich habe herrliche Gedichte und Lieder im Kopfe.

Auch einen neuen Entwurf des ›Heinrich von Ofterdingen‹ erwog er in diesen Tagen.

JOHANN GOTTFRIED HERDER (1744–1803), einer der gewaltigsten und fruchtbarsten Anreger der deutschen Geistesgeschichte. Seit 1801 gab er die Zeitschrift ›Adrastea‹ heraus, die er als sein politisches und poetisches Testament ansah. Während der Arbeit am zehnten Heft überfiel ihn die tödliche Krankheit. Über seine letzten Tage berichtet sein Biograph Rudolf Haym: »Mehrere Schlaganfälle führten endlich eine Atonie aller Lebensfunktionen herbei, die jedem Mittel die Wirkung versagte. So sah er bei völligem Bewußtsein seine Kräfte sinken, noch immer geistig rege und von Tag zu Tag Besserung erhoffend ... Während sein Körper nur noch künstlich genährt wurde, verlangte sein Geist unaufhörlich nach Nahrung und Tätigkeit. Weder Tag noch Nacht hatte er Ruhe. Sein Sohn Wilhelm mußte ihm vorlesen. Auch jetzt noch tröstete und erhob ihn eine Klopstocksche Ode, ein Stück aus ›Ossian‹, aus der Bibel, namentlich aus den Propheten ... Aus dem Reich der Gedanken erhoffte er Hülfe. Nach einer neuen großen Idee verlangte er, die seine Seele durch und durch ergriffe und erfreute; davon werde er auf einmal gesunden. Und wiederum:

wenn er nur aus dem Bette sein könnte, so wollte er viel, viel arbeiten! Nur zwei Stücke der ›Adrastea‹ wünschte er schreiben zu können; sie sollten seine letzte vollendete Arbeit sein, in sie wolle er sein ganzes Bekenntnis legen, darin noch einmal seine ganze Denkungsart zusammenfassen, da ihm jetzt so Manches ganz anders erscheine.

Und dazwischen kamen Klagen, die alten Klagen über seine Lippen«,

daß er so wenig in seinem Leben getan, das nicht getan, was er einzig gewollt habe. Wenn er sein Leben zurückrufen könnte, wie anders wollte er es anwenden!

FRIEDRICH SCHILLER (1759–1805) sagte am 8. Mai zu seiner Schwägerin Caroline von Wolzogen, die ihn fragte, wie es ihm gehe:

Immer besser, immer heitrer!

Und zu seiner Frau Charlotte:

Jetzt ist mir das Leben so klar, so vieles hell und erklärt.

Am Todestag, dem 9. Mai, äußerte er nur noch unzusammenhängende Worte, meistens lateinisch. In einem Zustand halben Bewußtseins wiederholte er mehrfach:

Judex. Judex. – Richter, Richter.

JOHANN GOTTFRIED SEUME (1763–1810), Schriftsteller (›Spaziergang nach Syrakus‹), wurde von seinem Arzt Dr. Weigel, der ihm in den letzten Stunden beistand, gefragt, ob er noch irgend etwas wünsche:

Nichts, lieber Weigel. Ich wünsche nur, Ihnen zu sagen, daß Sie nicht ärgerlich sein sollen, wenn ich einige Dinge sagen sollte, die ich in einer anderen Situation nicht sagen würde. Ich nehme eine Schuld mit mir. Ihnen kann ich sie nicht erstatten. Meine Augen werden trüb.

Heinrich von Kleist (1777 bis 21. November 1811). Letzter Brief an seine Schwester Ulrike:

Ich kann nicht sterben, ohne mich, zufrieden und heiter, wie ich bin, mit der ganzen Welt, und somit auch, vor allen anderen, meine teuerste Ulrike, mit Dir versöhnt zu haben. Laß sie mich, die strenge Äußerung, die in dem Briefe an die Kleisten enthalten ist, laß sie mich zurücknehmen; wirklich, Du hast an mir getan, ich sage nicht, was in Kräften einer Schwester, sondern in Kräften eines Menschen stand, um mich zu retten: die Wahrheit ist, daß mir auf Erden nicht zu helfen war. Und nun lebe wohl; möge Dir der Himmel einen Tod schenken, nur halb an Freude und unaussprechlicher Heiterkeit dem meinigen gleich: das ist der herzlichste und innigste Wunsch, den ich für Dich aufzubringen weiß.

Stimmings bei Potsdam
d. – am Morgen meines Todes *Dein*
Heinrich

John Crome (1766–1821), englischer Landschaftsmaler:

Hobbema, mein lieber Hobbema, wie habe ich dich geliebt!

(Der Niederländer Hobbema, 1638–1709, war ein Schüler des Landschaftsmalers Ruisdael.)

Jacques Louis David (1748–1825), bekanntester Vertreter des französischen Klassizismus (Napoleon zu Pferd auf dem St. Bernhard; Kaiserkrönung in Notre-Dame), zeigte mit einem Stock seinem Schüler Stapleaux Korrekturen, die auf seinem Kupferstich, Leonidas bei den Thermopylen darstellend, angebracht werden sollten:

Zu dunkel ... zu hell ... die Tönung des Lichts kommt nicht gut heraus ... diese Stelle ist verwischt ... Immerhin, das muß ich zugeben, ist der Kopf des Leonidas einzigartig.

Der Stock fällt ihm aus der Hand, und er stirbt.

William Blake (1757–1827), englischer Dichter, Mystiker und Maler, stimmte Lobgesänge an und sagte zwischendurch zu seiner Frau:

Liebste, sie sind nicht von mir, nein, sie sind nicht von mir.

Ludwig van Beethoven (1770–1827) starb am Nachmittag des 26. März während eines Frühlingsgewitters. Nach dem Empfang der Sterbesakramente:

Ich danke Ihnen, geistlicher Herr! Sie haben mir Trost gebracht.

Umstritten ist, ob er, wie der Kapellmeister Anton Schindler bezeugte, den sarkastischen, schon von Augustus und Rabelais überlieferten Ausspruch getan hat:

Plaudite, amici! Finita est comoedia.

Gesichert dagegen ist sein letztes Wort: Als man ihm Wein brachte, den man für ein Heilmittel gegen Wassersucht hielt und den ihm Freunde geschickt hatten, keuchte er:

Schade, schade, zu spät!

Johann Wolfgang von Goethe (1749–1832). Mitte März hatte sich Goethe auf einer Spazierfahrt mit der Großfürstin Pawlowna erkältet. Der behandelnde Arzt Dr. Vogel stellte am nächsten Tag, dem 16. März, »nach einer zum größten Teil schlaflosen Nacht« einen trocknen, kurzen Husten, mit Frösten abwechselnde Hitze und Schmerzen in den äußeren Teilen der Brust fest. In der Nacht vom 19. zum 20. März traten Frost, Atembeklemmung, Angst und Unruhegefühle auf. Am nächsten Tag fand ihn der Arzt mit verzerrten Gesichtszügen, »das Antlitz aschgrau, die Augen tief in ihre lividen Höhlen gesunken, matt, trübe, der Blick drückte die gräßlichste Todesangst aus. Der ganze eiskalte Körper triefte von Schweiß.« Am 21. März zeigte sich eine leichte Besserung. Er fragte nach den Hausfreunden, von denen er ganz richtig voraussetzte, daß sie in der Nähe wären, und äußerte: es wäre durchaus nicht nötig, daß jemand anders als der Bediente und der Kopist John bei ihm wache. Zugleich verlangte er die aufgezeichneten Namen derjenigen zu sehen, welche sich an diesem Tage nach seinem Gesundheitszustande erkundigt hatten . . ., und erinnerte, man müsse die bewiesene Teilnahme ja nicht vergessen, wenn er wieder gesund wäre . . . Während der Nacht sagte er einigemal zu dem Kopisten John:

Halten Sie nur treulich bei mir aus! Es kann doch nur noch ein paar Tage dauern.

Am Morgen des 22. März gegen 6 Uhr ging er aus seinem Schlafkabinett einige Schritte in sein Arbeitszimmer. Gegen 9 Uhr verlangte er Wasser mit Wein und sagte zum Diener Friedrich:

Du hast mir doch keinen Zucker in den Wein getan, der mir schadet?

Dann fragte er John, welchen Tag im Monat man habe, und auf die Antwort, daß es der 22. sei, erwiderte er:

Also hat der Frühling begonnen, und wir können uns um so eher erholen.

Er verfiel in einen sanften Halbschlaf mit angenehmen Träumen und sagte unter anderem:

Seht den schönen weiblichen Kopf ... mit schwarzen Locken ... in prächtigem Kolorit ... auf dunklem Hintergrunde.

Inzwischen hatten sich der Oberbaudirektor Coudray, der Kanzler von Müller und die Schwiegertochter Ottilie eingefunden. Folgt man den Berichten der beiden ersten, so wären seine letzten Worte zum Diener Friedrich Krause gewesen:

Macht doch den zweiten Fensterladen in der Stube auch auf, damit mehr Licht hereinkomme!,

woraus dann die legendäre Fassung »Mehr Licht!« als pathetischer Ruf der Verklärung und Verwandlung entstanden ist. Ottilie, von Goethe gern »Seidenhäschen« genannt, freilich berichtet, das letzte Wort sei an sie gerichtet gewesen (vielleicht haben es die anderen Anwesenden nicht gehört) und habe gelautet:

Komm, mein Töchterchen, setz dich ganz nahe und gib mir dein liebes Pfötchen!

Noch im Jahre 1832 erschien ein Buch ›Goethes letzte literarische Tätigkeit, Verhältnis zum Ausland und Scheiden‹. Der Verfasser K. W. Müller, ein junger Lehrer, der nicht anwesend war, also nicht als Augenzeuge gelten kann, schreibt darin:

»Als nun das Sprechen ihm immer schwerer wurde, und er doch noch Darstellungs- und Mitteilungsdrang fühlte, zeichnete er erst mit gehobener Hand in die Luft, wie er auch in gesunden Tagen zu tun pflegte; dann schrieb er mit dem Zeigefinger der Rechten in die Luft einige Zeilen. Da die Kraft abnahm und der Arm tiefer sank, so schrieb er etwas tiefer und zuletzt – wie es schien dasselbe – auf dem seine Beine bedeckenden Oberbette zu wiederholten Malen. Man bemerkte, daß er genau Interpunktionszeichen setzte, und den Anfangsbuchstaben erkannte man deutlich für ein großes W; die übrigen Züge vermochte man nicht zu deuten.

Da die Finger anfingen blau zu werden, so nahm man ihm den grünen Arbeitsschirm von den Augen und fand, daß sie schon gebrochen waren.«

Wilhelm von Humboldt (1767–1835), Staatsmann und Gelehrter. Seine Tochter Gabriele von Bülow notiert in ihrem Tagebuch unter dem 2. April 1835 eine Äußerung an einem seiner letzten Tage:

Ich glaube nicht, daß alles mit diesem Leben vorbei ist ... Alexander [Wilhelms Bruder, der große Naturforscher und Reisende] glaubt, daß wir selbst nach dem Tode nicht mehr von der ewigen Weltordnung erfahren werden, ich aber glaube, daß der Geist doch das Höchste ist und nicht untergehen kann.

Wenige Stunden vor seinem Tode (8. April) sagte er zu Gabriele:

In mir ist es ganz hell und besonnen, so daß ich nicht klagen kann.

Ein wenig später:

Legt mich höher – höher hinauf in jedem Sinne.

Georg Büchner (1813–1837). Als Verfasser der revolutionären Flugschrift ›Der hessische Landbote‹ mit dem Motto »Friede den Hütten, Krieg den Palästen« mußte er aus Darmstadt nach Straßburg fliehen. Er ging dann nach Zürich, wo er sich mit einer Arbeit über Schädelnerven als Privatdozent habilitierte. Am 2. Februar 1837 erkrankte er an typhösem Fieber, »Faulfieber«, wie man es damals nannte. Seine Pflege hatte Caroline Schulz, Frau von Büchners Universitätskollegen und Landsmann, übernommen. Sie berichtet, daß er am 16. Februar, nachdem ein heftiger Sturm von Phantasien vorüber war, »mit ruhiger, erhobener, feierlicher Stimme« gesagt habe:

Wir haben der Schmerzen nicht zu viel, wir haben ihrer zu wenig, denn durch den Schmerz gehen wir zu Gott ein! Wir sind Tod, Staub, Asche, wie dürften wir klagen?

Alexander Puschkin (1799–1837), den Gogol »die einzigartige Manifestation russischen Geistes« nannte, war mit seiner Mischung afrikanischen und russischen Blutes ein wilder, heftiger, freiheitsdurstiger Mann, der Frauen und Duelle liebte. In einem von ihm aus Eifersucht provozierten Duell wurde er von dem französischen Offizier, in den sich seine Frau verliebt hatte, tödlich verwundet. Er starb zwei Tage später. Kurz vor seinem Ende zu einem Freund:

Auf, höher, noch höher!

Er erwachte aus der Benommenheit und sagte:

Ich habe geträumt, daß ich mit dir an den Büchern und Regalen hochkletterte, sehr hoch, und im Kopf hat sich mir alles gedreht.

Zuletzt:

Aus das Leben ... Ich habe Mühe zu atmen. Irgend etwas zerreißt mich.

Thomas Campbell (1777–1844), englischer Dichter. Zu Freunden, die sich überzeugen wollten, daß er das Bewußtsein verloren habe, und deshalb von einem seiner Gedichte sprachen, als ob es von einem andern verfaßt worden sei:

Nein! Das war ein gewisser Tom Campbell.

Joseph Görres (1776–1848), Gelehrter und politischer Publizist. Zunächst Aufklärer und Anhänger der Französischen Revolution. Gründete die Zeitung ›Rheinischer Merkur‹, die 1816 wegen ihrer liberalen Tendenzen verboten wurde. Er mußte fliehen, lebte in der Schweiz und in Straßburg. Später setzte er sich für die katholische Kirche ein, wurde 1827 Professor der Geschichte an der Universität München und der geistige Führer der katholischen Bewegung. Sein Hauptwerk ›Die christliche Mystik‹. Als er auf dem Sterbebett lag und sein Sohn sein kahlgeschorenes Haupt mit einem Käppchen bedeckte:

Willst du mir die Ulysseskappe aufsetzen? Soll ich noch einmal das Steuerruder auf die Schultern nehmen, um die Weltfahrt anzutreten? Das war eine stürmische Fahrt! Jetzt ist es zu spät.

Hokusai (1760–1849), berühmter japanischer Maler und Zeichner:

Noch zehn, noch fünf Jahre ... und ich wäre ein großer Maler geworden.

Honoré de Balzac (1799–1850), der erste große realistische Schriftsteller Frankreichs. Man hat gezählt, daß er in 86 Geschichten mehr als 2000 Gestalten geschaffen hat.

Acht Tage mit Fieber! Ich hätte noch Zeit gehabt, ein Buch zu schreiben.

Im Fieberwahn verlangte er nach einer seiner Romanfiguren:

Bianchon! Ruft Bianchon! Er, er wird mich retten.

HEINRICH HEINE (1797–1856). Die letzten acht Jahre seines Lebens verbrachte er – nach seinem eigenen Ausdruck – in der »Matratzengruft«. Er litt an Muskelatrophie der Extremitäten, stand dauernd unter Morphium und Opium, war aber geistig wach, voller Witz, Anmut und Liebesfreudigkeit. Am Tag vor seinem Tode fragte er seinen Arzt:

Doktor, sind Sie mein Freund? Sagen Sie mir die volle Wahrheit: es geht zu Ende, nicht wahr?

Und da er keine Antwort erhielt:

Danke, mein Freund!

Bewegt fragte der Arzt, ob er noch einen Wunsch habe:

Ja. Meine Frau schläft, wecken Sie sie nicht! Aber geben Sie mir von dem Tisch dort die Blumen, die sie heute früh gekauft hat. Ich verehre die Blumen. Legen Sie sie mir auf die Brust!

Er atmete ihren Duft ein:

Blumen, Blumen ... Wie schön ist doch die Natur!

Am Nachmittag des nächsten Tages stammelte er mehrmals:

Schreiben, Papier, Feder ...

HENRI MURGER (1822–1861), Verfasser der ›Szenen aus dem Leben der Bohème‹. Zu dem Arzt, der, um ihn zu beruhigen, von baldiger Genesung sprach:

Genesung von dem Leben, ja ...

Im Delirium:

Aus ... keine Musik mehr, keine Bohème ...

ALEXANDRE DUMAS DER ÄLTERE, DUMAS PÈRE (1803–1870), französischer Romancier (›Die drei Musketiere‹, ›Der Graf von Monte Christo‹). Zu seinem Sohn:

Alexander, sag mir ehrlich, werden ein paar Seiten von mir übrigbleiben?

»Sei ruhig«, antwortete sein Sohn, »viel davon wird bleiben. Ich schwöre es dir.« Der Sterbende sprach, während er die Augen schloß:

Es ist an der Zeit, diese Welt zu verlassen: ich beginne, an Schwüre zu glauben.

HERMANN FÜRST VON PÜCKLER-MUSKAU (1785–1871), Reiseschriftsteller, Weltmann, bedeutender Gartenbaukünstler, als welcher er die Parks von Muskau und Branitz anlegte:

Man öffne mir den Weg zum Tumulus!

EDUARD MÖRIKE (1804–1875), in Hinblick auf seine Gedichte:

Es steht doch nichts Frivoles darin?

CAMILLE COROT (1796–1875), französischer Maler, berühmt namentlich wegen seiner Campagna-Landschaften:

Siehst du, wie schön das ist? Ich habe nie so herrliche Landschaften gesehen ... Ich hoffe von ganzem Herzen, daß man im Himmel malen kann.

THEODOR FONTANE (1819–1882). Der große Briefschreiber zeigt sich auch in seinem letzten Brief als der Menschenkenner mit dem hellen Blick ohne Bosheit. Er richtete ihn am Morgen seines Todestages, von seinem nahen Ende nichts ahnend, an seine bei auswärtigen Freunden zu Besuch weilende Frau, die er in zwei Tagen zurück erwartete. Der Brief beginnt mit den beiläufig gemeinten Worten: »Dies sind nun die letzten Zeilen.« Er schildert ihr darin die Begegnung mit einem kürzlich verwitweten Bekannten, der, »um sich herauszureißen«, mit zwei englischen Nichten seiner Frau eine Reise nach Schottland gemacht hatte.

Ich glaube, er war ganz aufrichtig in seiner Trauer, und doch habe ich nie so stark den Eindruck gehabt: dieser Trauernde wartet das Trauerjahr nicht ab; eine der beiden Nichten muß es werden. Wohl die mit dem »goldenen Humor« seiner Frau. So geht es. Und die Witwen sind noch flinker als die Witwer!

VICTOR HUGO (1802–1885), die repräsentative Gestalt der französischen Romantik, machte am 2. August 1883, mit 81 Jahren, sein Testament:

Ich vermache den Armen 50000 Francs. Ich will in ihrem Leichenwagen zum Friedhof gefahren werden. Ich lehne die Sterbegebete sämtlicher Kirchen ab. Ich wünsche ein Bittgebet für alle Seelen. Ich glaube an Gott.

In seinen letzten Tagen:

Das ist der Kampf zwischen dem Tag und der Nacht ... Ich sehe schwarzes Licht.

FRANZ VON LISZT (1811–1886), ungarischer Pianist und Komponist, der 6 Tage vor seinem Tode trotz seinem Zustand die Oper gehört hatte, sterbend:

Tristan ...

GOTTFRIED KELLER (1819–1890). Seit Beginn des Jahres 1890 bettlägerig, behielt er das objektive Verhältnis zu sich auf dem Kranken- und Sterbelager bei. Adolf Frey berichtet: »Er verbreitete sich über verschiedene Fährlichkeiten und Abenteuer seines bresthaften Zustandes völlig in einem Tone, als ob er zu dichterischer Hantierung eine komische Situation aufgetrieben hätte, die Keinen weniger anginge, als ihn selbst. Dieser Humor blühte ganz aus der Gewißheit seines nahen Endes.« Conrad Ferdinand Meyer nach seinem letzten Besuch: »Ich fand ihn auf seinem Lager, völlig hellen Geistes; er empfing mich sehr freundlich und sprach viel, aber kaum hörbar. Es war ein Spinnen und Weben der Phantasie, von dem sich nicht leicht ein Begriff geben läßt.«

FRIEDRICH NIETZSCHE (1844–1900) starb im Wahnsinn. Der Zusammenbruch erfolgte am 5. Januar 1889 in Turin auf der Piazza Carlo Alberto, wo er sich einem von seinem Kutscher mißhandelten Droschkengaul unter Tränen und Wehklagen um den Hals warf. Am Tag zuvor hatte er die letzte Karte an Peter Gast geschrieben:

Meinem maestro Pietro.

4. 1. 89

4 Uhr morgens

Singe mir ein neues Lied: die Welt ist verklärt und alle Himmel freuen sich.

Der Gekreuzigte.

Paul Cézanne (1839–1906). Am 15. Oktober war Cézanne beim Malen auf einer Straße bei Aix-en-Provence zusammengebrochen und bewußtlos aufgefunden worden. Am nächsten Morgen ging er zu seinem Atelierhaus, wo er den Gärtner Vallier malte. Dabei erlitt er einen neuen Schwindelanfall und kam, wie seine Schwester fand, »sterbend« nach Haus. Am nächsten Tag, fünf Tage vor seinem Tod am 22. Oktober, schrieb er eine Karte an einen Farbenhändler:

Monsieur! *Aix, den 17. Oktober 1906*
Es sind nun schon acht Tage vergangen, seit ich Sie um zehn Tuben gebrannten Lack 7 gebeten habe, und ich erhielt noch keine Antwort. Was bedeutet das? – Eine Antwort bitte und zwar schleunigst!
Hochachtungsvoll *Paul Cézanne.*

Vor seinem ersten Anfall hatte er einen Brief an seinen Sohn geschrieben, in dem es heißt:

Ich fahre fort zu arbeiten, zwar mit Schwierigkeiten, aber schließlich ist doch etwas daran ... Alle meine Landsleute sind Arschlöcher neben mir ...

In seinem Delirium stieß er wiederholt den Namen des Museumskurators in Aix heraus, der seine Bilder zurückgewiesen hatte:

Pontier, Pontier!

Charles-Louis Philippe (1875–1909), französischer Schriftsteller, aus einer Ohnmacht erwachend und aus dem Fenster schauend:

Mein Gott, ist das schön!

Detlev von Liliencron (1844–1909):

Ich sehe immer Alexanderzüge da in der Stuckborte – Alexanderzüge und Geschichten von fremden Sternen ... Wenn ich nur endlich schlafen könnte!

Wilhelm Raabe (1831–1910). In den letzten Lebensmonaten verfielen seine geistigen und körperlichen Kräfte. Er lag apathisch darnieder, oft von unüberwindlicher Schlafsucht heimgesucht. Von einer überpersönlichen Selbstbeobachtung zeugt sein letztes Wort: In der letzten Nacht hörte seine Tochter Elisabeth, die bei ihm wachte, wie er laut sagte:

Ist er denn noch nicht tot?

GUSTAV MAHLER (1860–1911), österreichischer Komponist, starb mit den Worten:

Wer wird sich jetzt um Schönberg kümmern!

KARL MAY (1842–1912). Wie er seiner Frau Klara erzählte, wollte er ein Drama schreiben, das sein eigenes Leben schildern und erst lange nach seinem Tode veröffentlicht werden sollte. Zettelnotiz vom 17. Februar 1912 (er starb am 30. März):

Und ihr lacht darüber, daß ich bildlich schreibe? Ist für uns, die wir die Allerärmsten sind, nicht selbst die Hölle und das Fegefeuer bildlich? Dieses Fegefeuer meine ich, wenn ich symbolisch von meiner »Geisterschmiede« erzähle, deren fürchterliche Zeit ich heut oder morgen überwunden haben werde ... Drama. Immer dieselbe Erdenqual, dasselbe Elend, derselbe Jammer! Niemand steigt! Sie wissen nicht, daß Niemand stirbt. Sag es ihnen!

Sein authentisches letztes Wort:

Sieg! Großer Sieg! ... Rosen ...

GEORG TRAKL (1887–1914). Der tragisch-schwermütige, oft mit dem späten Hölderlin verglichene österreichische Lyriker starb am 3. November an einer Überdosis Kokain. Sein Bursche Mathias Roth, ein Bergarbeiter aus Hallstadt, schrieb an Trakls Freund und Gönner Ludwig Ficker, der ihn am 25./26. Oktober im Garnisonsspital Krakau, wo Trakl wegen Geistesstörung behandelt wurde, besucht hatte:

Mir nämlich erbarmt halt mein Herr immer und daß werde ich ihn in meinem Leben nimmer vergessen ... Hätte ich doch früher Ihren werthen Namen gewußt ich hätte Ihnen Sofort Thelegrafiert schon wie er nimmer Wach wurde ... Ich denke immer und immer an meinen Werthen lieben guten Herrn daß er so elendiglich und auf Solche Weise zugrunde gehen mußte? Also den 3. Abends war er noch so gut und Brüderlich sagte er noch um halb 7 Uhr bringen Sie mir Morgen um 7½ einen Schwarzen und ich soll Schlafen gehn. Und den 4. wars anders mein lieber Herr brauchte keinen Schwarzen mehr. Denn bei der Nacht hat ihn der liebe Gott zu sich gerufen. Euer mit Thrauernder von meinem Liebenden Herrn als Bursche Mathias Roth.

AUGUSTE RODIN (1840–1917), Bildhauer, aus einer letzten Agonie erwachend:

Und da sagen die Leute, daß Puvis de Chavannes nicht schön sei!

(Der französische Maler Chavannes, 1824–1898, war der Schöpfer eines neuen Monumentalstils.)

PIERRE-AUGUSTE RENOIR (1841–1919) malte am letzten Tag Anemonen:

Ich glaube, allmählich verstehe ich etwas davon.

MARCEL PROUST (1871–1922), der subtile Schilderer des mondänen Paris der Vorkriegsjahre, seit langem kränkelnd, sah einige Zeit vor seinem Tode in einer Ausstellung Vermeers ›Ansicht von Delft‹, an der ihn ein kleines gelbes Mauerstück entzückte. Unmittelbar vor dem Schlaganfall, der sein Leben beendete, sprach er mehrmals vor sich hin:

Kleine gelbe Mauerecke mit dem Dach darüber, kleine gelbe Mauerecke.

FRANCES BURNETT (1849–1924), amerikanische Autorin von Kinder- und Jugendgeschichten, deren bekannteste ›The Little Lord Fauntleroy‹ ist:

Mit dem Besten, was in mir war, habe ich versucht, schreibend mehr Glück in die Welt zu bringen.

LOVIS CORINTH (1858–1925), Maler und Graphiker:

Wahrheit war mein Prinzip. Adjee.

VINCENTE BLASCO IBANEZ (1867–1928), spanischer Romancier:

Mein Garten ... mein Garten.

Hugo von Hofmannsthal (1874–1929). Am Tag vor seinem Tode schrieb Hofmannsthal seinen letzten Brief, in dem er dem Freunde Carl J. Burckhardt den Selbstmord seines Sohnes mitteilte.

Guter Freund, *Rodaun, 14. VII. 29*

ich hoffe innigst, daß Elisabeth wohl ist. Gestern Nachmittag ist ein großes Unglück über das Rodauner Haus gekommen. Während eines schweren dumpfen Gewitters hat unser armer Franz sich durch einen Schuß in die Schläfe das Leben genommen. Die Ursache dieser schweren Tat liegt unendlich tief: in den Tiefen des Charakters und des Schicksals. Eine äußere Ursache war nicht. Wir hatten noch zusammen gegessen – lieb und gemütlich. Es liegt etwas unendlich Trauriges und unendlich Nobles in der Art wie das arme Kind aus dem Leben gegangen ist. Er konnte sich nie mitteilen. Auch sein Weggehen war schweigend. – Raimund ist mit uns.

In Freundschaft Ihr *Hofmannsthal*

Anna Pawlowa (1885–1931), russische Ballett-Tänzerin, zu deren Glanzrollen der ›Sterbende Schwan‹ gehörte:

Legt mir mein Schwanenkostüm zurecht!

Stefan George (1868–1933) starb im Krankenhaus in Locarno am 4. Dezember. Robert Boehringer berichtet am 2. Dezember: »Da er mit ziemlich schweren Wolldecken zugedeckt war – der Reichtum der Indianer, pflegte er zu sagen, zeigt sich in Decken – so legten wir ihm eine ganz leichte Daunendecke auf. Scherzend bemerkte der Arzt dazu: ›Der Robert hat eine so schöne Decke mitgebracht.‹

Hawe mer all auch,

war die Antwort.

Da sein Zustand am nächsten Tag zusehends hoffnungsloser wurde, traten die Freunde etwas näher an das Bett heran. Er schien das zu erkennen, und einmal brachte er heraus:

Ihr Kinder

und

saget kein Wort.

Danach noch

Genug, genug.

Auch hob er beide Hände bis zur waagrechten Höhe. Es schien, als bedrängte ihn die Nähe der Freunde. So traten sie zurück ins Dunkel. Langsam wurde der Atem schwächer, und am Montag, den 4. Dezember, um 1.15 Uhr stand das Herz still.«

THOMAS WOLFE (1900–1938), amerikanischer Schriftsteller (›Schau heimwärts, Engel‹, ›Von Zeit und Strom‹). Wolfes letzter Brief, wenige Wochen vor seinem Tode, war an seinen Verleger Maxwell Perkins gerichtet. Wolfe war einen Monat vorher an einer Lungenentzündung erkrankt. Er starb an einer tuberkulösen Gehirninfektion nach zwei Operationen im John Hopkins Hospital in Baltimore.

Lieber Max, ich schreibe dies heimlich, denn die Ärzte haben es verboten, aber ich habe einen Wink bekommen und möchte Dir folgendes sagen.

Ich habe eine lange Reise hinter mir und bin in einem fremden Land gewesen; ich habe den dunklen Mann ganz von nahem gesehen und glaube, daß ich mich nicht allzusehr vor ihm gefürchtet habe, aber noch haftet so viel Sterbliches an mir – ich wünschte mir so verzweifelt zu leben, und noch lebe ich. Ich habe tausendmal an Euch alle gedacht und mich danach gesehnt, Euch wiederzusehen – und dann die unsagbare Qual und Reue wegen all der ungetanen Arbeit, aller Arbeit, die ich noch tun müßte. Ich weiß jetzt, daß ich nur ein Staubkorn bin, und mir ist, als hätte sich ein großes Fenster zum Leben hin aufgetan, von dem ich nichts gewußt habe. Wenn ich durchkomme, so hoffe ich zu Gott, daß ich ein besserer Mensch geworden bin, und so seltsam und unerklärlich es ist: ich weiß, daß ich tiefer und weiser geworden bin.

THOMAS MANN (1875–1955):

Gebt mir meine Brille!

JAMES JOYCE (1882–1941), irischer Schriftsteller, der die literarische Revolution am Beginn des 20. Jahrhunderts großartig einleitet und dessen Hauptwerk Ulysses eine oft schwer deutbare Fülle von Assoziationen, Symbolen, Motiven aufweist.

Versteht mich denn niemand?

Gerhart Hauptmann (1862–1946) starb am 6. Juni 1946 im schlesischen Agnetendorf in seinem Haus Wiesenstein, bevor man ihn aus seinem Wohnsitz, den er jahrzehntelang innegehabt, vertreiben konnte:

Bin ich noch in meinem Hause?

André Gide (1869–1951), Schüler Nietzsches, Freund Oscar Wildes, nach eigenem Wort »aus unabhängigem, ja unbotmäßigen Geist protestierend gegen alles, was Herz und Vernunft anzuerkennen sich weigert«. Drei Tage vor seinem Tode:

Ich fürchte, meine Sätze werden grammatikalisch unexakt.

Zu seinem Arzt Jean Delay, der ihn fragte, ob er leide:

Es ist immer der Konflikt zwischen dem, was vernünftig, und dem, was es nicht ist. Aber laßt mich nur sterben, ich habe keine Angst.

Sein letztes Wort:

Es ist gut.

Knut Hamsun (1859–1952) zu seinem Sohn Tore:

Das letzte, was von mir stirbt, das ist mein Gehirn.

Zu seiner Frau, die seinen Kopf heben und das Kopfkissen zurechtziehen wollte:

Laß sein, Marie, jetzt sterbe ich ...

Heinz Winfried Sabais (1922–1981), Schriftsteller, Kultur- und Kommunalpolitiker. Sein umfangreiches literarisches Schaffen weist neben Gedichten, Essays, Editionen als Hauptwerk sein Buch über den Wandel der Macht im Lauf der Jahrtausende ›Götter, Kaiser, Diktatoren‹ auf. Eine heimtückische Krankheit, die er mit ungebrochenem Lebenswillen ertrug, hinderte ihn in seinem letzten Lebensjahr, seine Amtsgeschäfte wahrzunehmen. Er war seit 1971 Oberbürgermeister der Stadt Darmstadt, deren künstlerische Atmosphäre er entscheidend mitgestaltet hat. Wenige Tage vor seinem Tode schrieb er an einen Freund: »Mein munterster Körperteil ist glücklicherweise mein Kopf. Damit werde ich hoffentlich noch ein paar interessante Jahre leben dürfen.« Sein letztes Wort am Vorabend seines Todes:

Morgen will ich an meinen Schreibtisch.

Claude Favre de Vaugelas (1580–1650) leistete die Vorarbeiten zum ersten Akademiewörterbuch; seine Bemerkungen über die französische Sprache genossen geradezu gesetzgeberische Autorität. Vaugelas soll in seinen letzten Augenblicken von einem Freund gefragt worden sein, wie es ihm gehe, und geantwortet haben:

Je ne vais pas, je m'en vais.

Dann habe er noch hinzugefügt:

Ou je m'en vas. L'un et l'autre se dit ou se disent.

(Der Sinn der Worte ist klar, ohne daß sich der Feinheiten der grammatischen Unterscheidungen im Deutschen wiedergeben ließen.) Übrigens werden dieselben Worte auch dem Sprachgelehrten Bouhours (1628–1702) und dem Grammatiker Dumarsais (1676–1756) zugeschrieben. – Bezeugt ist, daß Vaugelas seinen Leichnam der Anatomie vermachte für den Fall, daß er Schulden hinterließe.

Antony van Leeuwenhoek (1632–1723), holländischer Naturforscher, der das erste brauchbare Mikroskop konstruierte:

Hoogvliet, mein Freund, sei so gut und laß die beiden Briefe dort auf dem Tisch ins Lateinische übersetzen und schick sie nach London an die Royal Society!

Thomas Fantet de Lagny (1660–1734), französischer Mathematiker. Als er niemanden mehr erkannte, kam sein Kollege Maupertuis auf den Gedanken, ihn zu fragen, wieviel 12 im Quadrat sei. Lagny antwortete sofort, bevor er verschied:

144.

Prinz Eugen von Savoyen (1663–1736), der österreichische Feldherr und Staatsmann:

Das ist genug für heute. Den Rest heben wir für morgen auf – wenn ich dann noch lebe.

NICHOLAS SAUNDERSON (1682–1739), Professor der Mathematik und Physik in Cambridge, der mit zwölf Jahren infolge einer Pockenerkrankung erblindet war und ein ungewöhnliches Tastgefühl entwickelt hatte:

Zeit, Materie und Raum sind vielleicht nur ein *Punkt.*

CHARLES-MARIE DE LA CONDAMINE (1701–1774), Mathematiker, zu einem Freund:

Sie müssen mich jetzt verlassen. Ich habe noch zwei Briefe nach Spanien zu schreiben. Vielleicht wird es bis zur nächsten Post zu spät sein.

ALBRECHT VON HALLER (1708–1777), Schweizer Naturforscher, Arzt und Dichter, fühlte sich den Puls:

Das Herz schlägt ... das Herz schlägt noch ... das Herz schlägt nicht mehr,

und er starb.

JOSEPH HENRY GREEN (1791–1863), amerikanischer Philosoph, kontrollierte gleichfalls seinen Puls und starb mit den Worten:

Setzt aus...

JOHANNES BERNHARD BASEDOW (1724–1790), Erziehungsreformer:

Ich wünsche eine Autopsie zum Nutzen der Wissenschaft.

ETIENNE COMTE DE LACÉPEDE (1756–1825), Naturforscher, ließ sich von seinem Sohn am Vorabend seines Todes das Werk bringen, an dem er arbeitete:

Charles, schreib in großen Buchstaben das Wort ENDE unter das Manuskript!

PIERRE-SIMON MARQUIS DE LAPLACE (1749–1827), Astronom und Mathematiker, sprach im Delirium von zukünftigen Entdeckungen und Erkenntnissen der Wissenschaft:

Was wir wissen, ist wenig; was wir nicht wissen, ist immens.

Friedrich von Schlegel (1772–1829), Dichter und Gelehrter, brach, von Schwäche überwältigt, eine Niederschrift mit den Worten ab:

Aber die vollkommene und vollendete Erkenntnis ...

Lord John Temple Palmerston (1784–1865), liberaler englischer Staatsmann und Premierminister, der wegen seiner Selbstherrlichkeit »Lord Firebrand« genannt wurde. Als ihm sein Arzt, den er nach seinem Zustand gefragt hatte, eine bedenkliche Antwort gab, erwiderte er:

Sterben, mein lieber Doktor! Das ist das Letzte, was ich zu tun gedenke.

Bis zuletzt ließ er sich von seinem Sekretär einen Gesetzesentwurf vorlesen:

Das war Paragraph 98. Nun den nächsten ...

Charles Sumner (1811–1874), amerikanischer Senator, der für die Sklavenemanzipation gekämpft hatte:

Mein Buch, mein unvollendetes Buch! Ihr müßt auf die Civil Rights Bill, das Bürgerrechtsgesetz, achten – meine Bill, seht zu, daß sie durchkommt ... Und sagt Emerson, wie sehr ich ihn liebe und verehre!

George Miller Beard (1839–1883), amerikanischer Arzt und Psychiater, der sich viel mit Hypnose und Hellsehen befaßt hatte:

Sagen Sie meinen Kollegen, daß es mir unmöglich ist, die Gedanken eines Sterbenden zu referieren. Es wäre interessant, aber ich bin nicht imstande dazu. Meine Stunde ist gekommen. Ich hoffe, andere werden mein Werk fortsetzen.

Louis Pasteur (1822–1895), Biologe und Chemiker, schuf die Grundlagen der Bakteriologie und Antisepsis. Kurz vor seinem Tode:

Ich habe getan, was ich konnte.

CECIL RHODES (1853–1902), britischer Staatsmann, Kolonisator von Südafrika:

So wenig getan, noch so viel zu tun.

HERMANN NOTHNAGEL (1841–1905), deutscher Arzt, der sich besonders mit der Physiologie des Nervensystems befaßt hatte, hinterließ eine Notiz, die durch die kalte Objektivität sich selbst gegenüber beeindruckt. Sein Diener fand den Zettel am Morgen des 7. Juli auf dem Schreibtisch des Gelehrten, der in der Nacht gestorben war.

Stenokardische Anfälle mit äußerst heftigen Schmerzen. Puls und Anfälle gänzlich verschieden, einmal langsam ca. 50–60, ganz regelmäßig, stark gespannt, dann wieder beschleunigt 80–90, ziemlich gleich und regelmäßig, endlich vollständig arhythmisch, ganz unequal, bald beschleunigt, bald langsamer, mit ganz wechselnder Spannung.

Die ersten Sensationen dieser Anfälle datieren mehrere, drei bis vier Jahre zurück, anfänglich ganz schwach, allmählich immer ausgesprochener. Eigentliche Anfälle mit starken Schmerzen sind jetzt erst vor 5–6 Tagen aufgetreten. Geschrieben am 6. Juli 1905 abends spät, nachdem ich vorher drei heftige Anfälle gehabt habe.

ILJA METSCHNIKOW (1845–1916), russischer Zoologe und Bakteriologe, Nobelpreisträger. Zu seinem Arzt:

Sie denken an Ihr Versprechen? Sie werden meine Autopsie vornehmen. Sehen Sie sich meine unteren inneren Organe genau an, denn ich glaube, daß ich da etwas habe.

Gleich darauf starb er. Vorher hatte er zu seiner Frau gesagt, die ihn bat, nicht an das Schlimmste zu denken:

Mein Kind, warum versuchst du, mich zu beruhigen? Ich bin ganz ruhig. Ich stelle einfach nur fest.

GEORGE EASTMAN (1847–1932), amerikanischer Industrieller und Erfinder, der die ersten Rollfilme herstellte, hinterließ vor seinem Selbstmord eine Notiz:

An meine Freunde: Mein Werk ist getan. Warum warten? G. E.

Madame Dr. Stodel (1877–1949), eine der ersten französischen Ärztinnen, beschrieb während ihrer Agonie ihrem Enkel Stunde für Stunde ihren Zustand. Zuletzt sagte sie zu ihm:

Es gibt einen kleinen Moment, der dich besonders interessieren würde. Leider werde ich den nicht beschreiben können.

Albert Einstein (1879–1959) starb in Princeton, USA, wohin er emigriert war und wo er Vorlesungen hielt:

Meine Arbeit ist getan.

Karl IX. von Frankreich (1550–1574) regierte unter der Vormundschaft seiner Mutter Katharina von Medici, unter deren Einfluß er der Niedermetzelung Tausender von Hugenotten in Paris in der sogenannten Bartholomäusnacht (24. August 1572) zustimmte:

Ach, daß ich einem so schlimmen Rat gefolgt bin! Ich bin verloren, ich erkenne es deutlich.

Ludwig XIII. (1601–1643), König von Frankreich, zu seinem Beichtiger:

In mir steigen Gedanken auf, die mich beängstigen.

Oliver Goldsmith (1728–1774), englischer Dichter, Verfasser von ›Der Landprediger von Wakefield‹, nach dem ›Robinson‹ das in England am meisten verbreitete Buch. Zu seinem Arzt, der ihn fragte, ob sein Geist ruhig, sein Gemüt friedlich sei:

Nein, keineswegs.

Franz Schubert (1797–1828). Acht Tage vor seinem Tode flüsterte der österreichische Komponist seinem Bruder Ferdinand »ganz geheimnisvoll« ins Ohr:

Du, was geschieht denn mit mir?

Im Delirium, ebenfalls zu seinem Bruder:

Ich beschwöre dich, mich in meinem Zimmer zu lassen und nicht in dieses Loch zu bringen! Habe ich nicht einen Platz auf der Erde verdient?

Joseph von Eichendorff (1788–1857) lebte die letzten Jahre in der Familie seiner Tochter Therese, die berichtet: »Eine Nacht (die vor seinem Tode) hatte ich mich für einige Stunden hingelegt in die Nebenstube und hörte, daß er nach mir verlangte. Wie ich an sein Bett trat, fragte ich ihn, ob er etwas wünsche.«

O nein – sagte er – nur sprechen will ich dich, mir ist so bange.

JACOB BURCKHARDT (1818–1897), Schweizer Kulturhistoriker, Kunstgelehrter und Geschichtsphilosoph. In seiner letzten Lebenszeit nahmen seine Geisteskräfte ab, er konnte nicht mehr arbeiten, vegetierte bei wachem Bewußtsein dahin. Arnold von Salis berichtet, daß Burckhardt ihm am 26. April 1897, als es ihm besonders schlecht ging, beim Abschied gesagt habe:

Denken Sie auch sonst an mich. Sie wissen, wie ich's meine … Ich glaube an eine Unvergänglichkeit, obwohl ich spüre, Ansprüche gibt es hier nicht, gar keine; aber Erbarmen gibt es vielleicht auch für mich.

Einmal stieß er, fast ängstlich, hervor:

Nur nicht noch ein Erdenleben!

Er starb am 8. August, einem Sonntag, um die vierte Nachmittagsstunde, zu Basel, in der Stille seiner Gelehrtenstube auf dem Lehnstuhl sitzend.

WILLIAM SIDNEY PORTER (Pseudonym O. Henry) (1862 bis 1910), nordamerikanischer Schriftsteller:

Macht die Lampen an! Ich möchte nicht im Dunkeln fortgehen.

GABRIELE D'ANNUNZIOS Frau (1861–1954):

Bitte schnell etwas Champagner, denn ich habe Angst vor dem Sterben.

MARIE-JOSEPH TEILHARD DE CHARDIN (1881–1955), französischer Theologe, Paläontologe und Philosoph. Inmitten eines kleinen Kreises trifft ihn in New York am Spätnachmittag des Ostersonntags (10. April) in dem Augenblick, da er eine Tasse Tee nehmen will, der Schlag, und er stürzt zu Boden. Nach einigen Minuten:

Was ist geschehen? Wo bin ich?

Dann leise:

Ich fühle, diesmal ist es schrecklich.

MARTIN BUBER (1878–1965), jüdischer Philosoph und Schriftsteller, sagte kurz vor dem Ende zu seinem alten Freund Ernst Simon:

Ich fürchte mich nicht vor dem Tod, aber vor dem Sterben.

Ludwig I. der Fromme (778–840), römischer Kaiser, dritter Sohn Karls des Großen, starb auf einer Rheininsel während eines Feldzugs gegen seinen Sohn Ludwig den Deutschen, der sich gegen ihn erhoben hatte:

Ich verzeihe ihm, aber er soll wissen, daß ich seinetwegen sterbe.

Papst Gregor VII., vorher Hildebrand (um 1020–1085), strebte die unbedingte Herrschaft der geistlichen Macht über die weltliche an. Wegen des Investiturstreits – er erließ ein verschärftes Gebot der Laieninvestitur – kam es zum Konflikt mit Kaiser Heinrich IV., über den er den Kirchenbann verhängte. Durch den Gang nach Canossa (1077) und den Vollzug der Kirchenbuße erzwang der Kaiser die Aufhebung des Bannes. Im Jahre 1084 befreite Robert Guiscard, Herzog von Apulien, den vom Kaiser in Rom belagerten Papst und führte ihn nach Salerno, wo Gregor VII. starb:

Ich habe die Gerechtigkeit geliebt und das Unrecht gehaßt, deshalb sterbe ich in der Verbannung.

Karl V. der Weise (1337–1380), König von Frankreich, ließ sich auf dem Sterbebett die Königskrone bringen und sagte, im Gedenken an seine Nachfolger:

Ach, wenn sie es im voraus wüßten, ließen sie dich lieber in den Schmutz fallen, als dich auf ihr Haupt zu setzen.

Margaret von Schottland (1425–1445), die erste Gemahlin des späteren Ludwig XI. von Frankreich, starb angeekelt von den Verleumdungen, die über sie verbreitet worden waren:

Pfui über das Leben dieser Welt! Man spreche mir nicht mehr davon!

LUIZ DE CAMOENS (1524–1580), der das portugiesische Nationalepos ›Die Lusiaden‹ geschrieben hatte und den Niedergang seines Landes erlebte:

Ich sterbe zur gleichen Zeit wie das Vaterland.

PÈRE JOSEPH (1577–1638), die »Graue Eminenz«, Berater Richelieus, murmelte in einem Weinkrampf:

Rechenschaft geben! Rechenschaft geben!

GROTIUS, Hugo de Groot (1583–1645), holländischer Rechtsgelehrter und Diplomat, Begründer der Völkerrechtswissenschaft:

Ich habe viel unternommen, aber nichts erreicht.

BENJAMIN FRANKLIN (1706–1790), amerikanischer Staatsmann, zu seiner Tochter, die ihm riet, eine andere Lage einzunehmen, damit er leichter atme:

Einem Sterbenden fällt nichts leicht.

JOSEPH II. (1741–1790), deutscher Kaiser, Bruder der Marie-Antoinette, sagte in den letzten Tagen zu einem seiner Minister:

Um den Thron tut es mir nicht leid. Ich habe meinen Frieden gemacht. Es schmerzt mich nur ein wenig, daß ich trotz allen Mühen und Anstrengungen so wenig Glückliche und so viele Undankbare hinterlasse. Aber das ist das Los der Männer auf dem Thron.

Ihn erreichten noch die Berichte über den Aufstand in Tirol und den Bruch mit Preußen, worauf er nur noch flüstern konnte:

Ich will ihnen alles zugestehen, wenn sie mich nur in Frieden sterben lassen.

Zwei Tage vor seinem Ableben erfuhr er, daß die Stephanskrone nach Ungarn geholt werden sollte:

Jetzt sehe ich, daß der Allmächtige mein Lebenswerk noch bei meinen Lebzeiten zerstören will.

Seine Grabinschrift sollte nach seinem Willen lauten:

Hier liegt Joseph, der bei all seinen Unternehmungen erfolglos war.

William Pitt der Jüngere (1759–1806), englischer Führer im Kampf gegen Napoleon. Er starb bald nach der Schlacht bei Austerlitz:

O mein Land! In welchem Zustand lasse ich mein Land!

Michel Bestuschew († 1826), junger russischer Offizier, wurde wegen eines Komplotts gegen Zar Nikolaus I. gehängt. Bei der Hinrichtung riß der Strick:

Bei mir geht auch alles schief.

Nicolaj Gogol (1809–1852), der stark von mystischen Grübeleien heimgesucht wurde, zitierte aus dem Alten Testament:

Und ich werde lachen ein bitteres Lachen.

Sören Kierkegaard (1813–1855). Der letzte Tagebucheintrag des dänischen Religionsphilosophen, der einen extremen protestantischen Individualismus vertrat, war – einige Wochen vor seinem Tode – das letzte, was er überhaupt niedergeschrieben hat:

Durch ein Verbrechen bin ich entstanden, ich bin entstanden gegen Gottes Willen. Die Schuld, die jedoch in einem Sinne nicht die meine ist, wenn sie mich auch in Gottes Augen zum Verbrecher macht, ist: Leben zu geben. Die Strafe entspricht der Schuld: aller Lust zum Leben beraubt zu werden, zum höchsten Grad von Lebensüberdruß gebracht zu werden.

Alfred de Musset (1810–1857), Lyriker der französischen Romantik:

Schlafen ... endlich kann ich schlafen.

Iwan Turgenjew (1818–1883), der russische realistische Schriftsteller (›Väter und Söhne‹), Freund und Gesinnungsgenosse Flauberts, lebte, oft von Heimweh geplagt, die letzten

Jahrzehnte meist in Baden-Baden oder Paris. Er starb in Bougival bei Paris. Sein letzter Brief war an Tolstoi gerichtet:

Ich kann weder gehen noch essen noch schlafen. Es strengt mich sogar an, dies zu schreiben. Mein Freund, großer Dichter des russischen Volkes, erfüllen Sie meinen Wunsch! Schreiben Sie mir, ob dieser Zettel Sie erreicht hat und erlauben Sie noch einmal, ein letztes Mal, Sie, Ihre Frau und alle die Ihren zu umarmen. Ich kann nicht mehr. Ich bin so müde.

Maria Baschkirzewa (1860–1884), russische Malerin und Schriftstellerin, als sie sah, daß die Kerze an ihrem Bett nahezu niedergebrannt war:

Wir werden zusammen verlöschen.

Vincent van Gogh (1853–1890), nach seinem Selbstmordversuch zu seinem Bruder Theo, der ihm sagte, daß er gerettet sei:

Das ist zwecklos, die Traurigkeit bleibt immer.

Enrico Caruso (1873–1921), der berühmte italienische Sänger, zu seiner Frau:

Doro ... ich bekomme ... keine Luft mehr ...

Georges Clemenceau (1841–1929), Arzt und Staatsmann, den man wegen seiner rücksichtslosen Energie den »Tiger« nannte:

Mein Vater ist mit 87 gestorben, meine Mutter mit 83. Jetzt bin ich an der Reihe. Meine Rolle ist zu Ende, aber es ist härter, als ich gedacht habe. Ich wäre lieber wie meine Mutter gestorben, die in ihrem Sessel hinsank, als sie sich zu Tisch setzte. Ich sterbe im Bett. Häßlicher Tod!

Wladimir Majakowski (1894–1930), russischer Dicher, hinterließ vor seinem Selbstmord ein Abschiedsgedicht:

Der Zwischenfall ist, wie man sagt, bereinigt;
das Liebesboot mußte am Dasein zerbrechen.
Bin quitt mit dem Leben. Unnütz und peinlich,
von wechselseitiger Kränkung zu sprechen ...

Carlo Mierendorff (1897–1943), sozialdemokratischer Politiker, der sich dem Kreisauer Kreis angeschlossen hatte. Er starb verschüttet in einem brennenden Keller bei einem Fliegerangriff auf Leipzig. Sein letztes Wort war:

Wahnsinn ...

Dylan Thomas (1914–1953), walisischer Dichter. Wie sein Biograph Bill Read mitteilt, sagte er am 3. November abends zu Elizabeth Reitell, die ihm bei den Proben zu der erweiterten Fassung von ›Unter dem Milchwald‹ assistierte:

Ich möchte in den Garten Eden kommen ... sterben ... auf immer ohne Bewußtsein sein ... Weißt du, ich vergöttere meinen kleinen Sohn ... Ich kann den Gedanken nicht ertragen, daß ich ihn nie wiedersehen soll ... Er hat nicht verdient, daß ich sterben will. Ich möchte wirklich sterben!

Nach unruhigem Schlaf, in dem er zusammenhanglose Sätze murmelte, richtete er sich auf und sagte mit wildem Blick: »Ich muß was trinken!« Er ging allein fort. Eineinhalb Stunden später kehrte er zurück und verkündete:

Ich habe achtzehn Gläser Whisky pur getrunken. Ich glaube, das ist der Rekord!

Thomas starb am 9. November, nachdem er fünf Tage im St.-Vinzenz-Hospital in New York im Koma verbracht hatte.

D'ANDRAULT, ein alter Gerichtsrat aus Bordeaux, so erzählt Gédéon Tallement des Réaux in seinen ›Histörchen‹, hatte zeit seines Lebens ein solch leidenschaftliches Interesse an Neuigkeiten gehabt, daß er kurz vor dem Sterben einen Portugiesen holen ließ, der ein großer Neuigkeitskrämer war, um von ihm zu erfahren, was er durch den letzten Kurier gehört hatte. Er sagte noch:

Ich ärgere mich sehr darüber, daß ich nicht mehr auf den nächsten Posteingang warten kann, aber ich muß nun fort.

Und einen Augenblick später starb er.

FRANÇOIS DE LA MOTHE LE VAYER (1588–1672), Historiograph, trotz seines Alters immer wißbegierig, fragte im letzten Augenblick seinen Freund, den Arzt und Reisenden Bernier:

Gut, und welche Neuigkeiten haben Sie vom Großmogul?

FRANÇOIS-RENÉ VICOMTE DE CHATEAUBRIAND (1768 bis 1848), Dichter und Staatsmann, sagte, als er auf dem Sterbebett von den Straßenkämpfen in Paris hörte:

Ich würde gerne dorthin gehen.

PHILIPP III. VON ORLÉANS (1674–1723), Regent für den unmündigen Ludwig XV., zur Herzogin von Falari, die er zu sich gebeten hatte, damit sie ihn in seinen letzten Augenblicken unterhalte:

Also erzählen Sie ...

LOUIS GAY-LUSSAC (1778–1850), berühmter Physiker und Chemiker, bei einem Gespräch über wissenschaftliche Fortschritte und neue Erfindungen:

Es ist schade, weggehen zu müssen; es fängt an, interessant zu werden.

Stopford Brooke (1832–1916), irischer Literarhistoriker, als man ihm die neuesten Nachrichten vorlas:

Es ist ein Jammer, das alles verlassen zu müssen.

Paracelsus, Theophrastus Bombastus von Hohenheim (1493–1541), Schweizer Arzt, Philosoph und Naturforscher, vermachte seine geringe Habe den

arm, ellend, dürfftig leuth der Stadt Salzburg.

Immanuel Kant (1724–1804). In der letzten Lebenszeit hatten ihn nicht nur die körperlichen Kräfte verlassen, es fiel ihm auch schwer, sich präzis auszudrücken. Am 3. Februar, neun Tage vor seinem Tode, erhielt er den Besuch eines Professors der Medizin. Kant erhob sich mühsam von seinem Stuhl und wollte sich, trotz der Bitte des Arztes, nicht wieder setzen. Sein anwesender Schüler E. A. Ch. Wasianski erklärte, Kant wolle warten, bis sein Gast Platz genommen habe. Kant bestätigte:

Ganz recht, das Gefühl für Humanität hat mich noch nicht verlassen.

Seine letzten Worte in der Nacht zum 12. Februar:

Es ist gut

waren der Dank an Wasianski, der ihm zur Stärkung wiederholt ein Glas mit »einer versüßten Mischung aus Wein und Wasser« reichte.

Jeanne Campan (1752–1822), Verfasserin der Memoiren über das Privatleben der Königin Marie Antoinette, zu ihrem Arzt:

Trotz meinem Zustand habe ich das Bedürfnis, meine Gedanken auszudrücken.

Sie wollte nicht dulden, daß er sich entferne, und rief ihn energisch zurück, um sich gleich darauf zu entschuldigen:

Wie herrisch man ist, wenn man keine Zeit mehr hat, höflich zu sein.

Adam Mickiewicz (1798–1855) starb, wegen antirussischer Gesinnung verbannt, fern von den Seinen in Konstantinopel an der Cholera. Als ein Freund ihn fragte, ob er eine letzte Botschaft für seine Kinder habe:

Sie sollen sich lieben ... immer!

Georg August Kestner (1777–1853), Diplomat, Kunstgelehrter und Mäzen, Sohn von Charlotte Buff, dem Vorbild von Werthers Lotte, und Georg Christian Kestner. Lebte seit 1817 in Rom.

Ich hätte noch so schön leben können und manches Gute tun und manchem helfen.

Pierre Jean Béranger (1780–1857), Dichter volkstümlicher Lieder, von denen Goethe viele auswendig wußte:

Gutes zu tun, für andere zu leben – das ist Glück. Seid wohltätig und liebreich, damit alle Welt glücklich ist ... Witwen und kleine Kinder – helft ihnen!

Giuseppe Garibaldi (1807–1882), italienischer Freiheitskämpfer, sah zwei Buchfinken, die oft auf seinem Fensterbrett saßen:

Füttert sie, wenn ich nicht mehr da bin!

Sadi Carnot (1837–1894), vierter Präsident der französischen Republik, wurde in Lyon von dem Anarchisten Caserio erstochen. Sterbend sagte er zu dem Arzt Lacassagne, der ihn darauf aufmerksam machte, daß alle seine Freunde ihn umringten:

Ich bin sehr gerührt von ihrer Anwesenheit, und Ihnen danke ich für das, was Sie für mich tun.

Edith Cavell (1865–1915), englische Krankenschwester, die von den Deutschen erschossen wurde, weil sie Soldaten der Alliierten zur Flucht verholfen hatte:

Ich weiß jetzt, daß Patriotismus nicht genügt. Man darf gegen niemand Haß oder Bitterkeit empfinden.

Franz Kafka (1883–1924). In seiner ständigen Angst, seine Tuberkulose zu übertragen, sagte er zu seinem Freund Robert Klopstock, den er in der Agonie für seine Schwester hielt:

Nicht so nahe, Elly, nicht so nahe!

Und als der Freund sich ein wenig zurückzog:

Ja, so ist es gut.

GEORG V., König von Großbritannien (1865–1936), bemühte sich einige Stunden vor seinem Tode, ein wichtiges Dokument zu unterzeichnen. Zu den Ministerialbeamten, die ihn umgaben:

Meine Herren, ich bedaure, Sie derart warten zu lassen ... aber ich bin unfähig, mich zu konzentrieren.

THOMAS HOBBES (1588–1679), englischer Philosoph, Rechts- und Staatslehrer:
Ich trete meine letzte Reise an – ein großer Sprung ins Dunkle.

CHRISTIAN JAKOB KRAUS (1753–1807), Philosoph und Nationalökonom, Freund von Kant:
Sterben ist anders als ich gedacht hatte.

CHRISTOPH MARTIN WIELAND (1733–1813) hat neben seinen von sprachlicher Eleganz geprägten Rokokodichtungen zahlreiche Übertragungen verfaßt, darunter die erste deutsche Übersetzung Shakespeares. Sein letztes Wort:
Sein oder Nichtsein ...

ARTHUR THISTLEWOOD (1770–1820) wurde gehängt, weil er alle Mitglieder der britischen Regierung ermorden wollte:
Bald werde ich das große Geheimnis kennen.

WILLIAM ALLINGHAM (1824–1889), irischer Dichter, Freund des präraffaelitischen Malers und Dichters D. G. Rossetti:
Ich sehe Dinge, von denen ihr gar nichts wißt.

SIR HENRY MORTON STANLEY (1841–1904), englischer Forschungsreisender, durchquerte als erster Innerafrika. Als er, zwei Stunden vor seinem Tod, Big Ben von Westminster 4 Uhr schlagen hörte:
4 Uhr! Wie seltsam das ist! Das ist also die Zeit. Seltsam!

K. (1895–1914), Fahnenjunker, fiel in Masuren. Sein letzter Brief vom 8. November endet mit den Worten:
Morgen werden wir mehr wissen.

Ellen Terry (1848–1928), englische Schauspielerin:
Aufwärts zum Himmel, nieder zur ...

Raymond Schwab (1884–1956), französischer Schriftsteller, zu seiner Frau:
Wer werde ich in wenigen Augenblicken sein?

HARUN-AL-RASCHID (um 765–809), Kalif von Bagdad:

Harun ist der Fürst der Gläubigen. Die von seiner Rasse wissen zu sterben.

FRANÇOIS RABELAIS (um 1494–1553), Arzt und Schriftsteller von gewaltiger, genialer Kraft der Sprachschöpfung (›Gargantua und Pantagruel‹). Der Bischof von Paris, ein Freund von Kunst und Dichtung, schätzte und liebte Rabelais. Da er selbst an Ischias litt, schickte er seinen Pagen zu Rabelais, der bereits in der Agonie lag.

Sag Monsignore, in welchem Zustand du mich gesehen hast. Je m'en vais chercher un grand Peut-être. – Ich bin dabei, ein großes Vielleicht zu suchen.

Während er sein Leben aushauchte:

Laßt den Vorhang herab. Der Schwank ist zu Ende.

Der Ausspruch erinnert an die letzten Worte des Augustus. Aber warum sollte der belesene Rabelais nicht mit einem Zitat auf den Lippen gestorben sein?

JOHN WOOLTON (1533–1594), Bischof von Exeter:

Ein Bischof sollte stehend sterben.

Auch hier drängt sich die Erinnerung an das Wort des römischen Kaisers Vespasian auf. Es ist vielleicht kein Zufall, daß gerade Bekundungen gelassenen und tapferen Sterbens von Späteren übernommen werden. So wird man auch bei den folgenden Worten der Madame de Balagny an die Römerin Arria Paetus denken.

RENÉE DE BALAGNY († 1595) war die Frau des Marschalls Jean de Balagny, der Cambrai gegen die Spanier verteidigen sollte. Als sie von der Höhe der Zitadelle sah, daß die Stadt vom Feind gestürmt war, beschloß sie, lieber zu sterben als sich zu ergeben. Zu ihrem Gatten:

Was bleibt dir jetzt noch vom Leben, Balagny, als das Gelächter derer, die mit dem Finger auf dich zeigen werden, wenn

du es nicht machst wie ich? Lerne also von mir, ehrenvoll zu sterben und dein Unglück und den Hohn nicht zu überleben.
Der Marschall indessen zog es vor, weiterzuleben und einige Monate später sich wieder zu verheiraten.

René Descartes (1596–1650), der große Mathematiker und Philosoph:

Meine Seele, du warst lange gefangen gehalten, jetzt ist die Stunde für dich gekommen, das Gefängnis zu verlassen, die Fesseln des Körpers abzuschütteln. Nimm denn diese Trennung mit Freude und Mut hin!

Michel le Tellier (1603–1685), Kanzler von Frankreich:

Ich danke Gott, daß mein Leib früher hinfällig geworden ist als mein Geist.

Ludwig XIV. von Frankreich (1638–1715) zu Madame Maintenon:

Ich dachte, daß es schwerer wäre zu sterben. Ich versichere Ihnen, es ist keine große Sache, ich finde es durchaus nicht beschwerlich.

Dann zu seiner Umgebung:

Warum weint ihr? Habt ihr geglaubt, ich sei unsterblich?

Cotton Mather (1662–1727), puritanischer englischer Geistlicher:

Ist das das Sterben? Ist das alles? Ist das alles, was ich fürchtete, wenn ich um einen sanften Tod bat? Oh, das kann ich ertragen ... Ich gehe dorthin, wo all meine Tränen getrocknet werden.

Friedrich Wilhelm I. (1688–1740), König von Preußen, fragte zwischen zwei Ohnmachten seinen Leibarzt Dr. Ellert, was sein Puls mache, und erhielt die Antwort: »Er steht still.« Darauf ballte der König die Faust und rief:

Er soll nicht stillstehen!

Gleich danach fiel er in eine Ohnmacht, aus der er nicht mehr erwachte. – An Voltaire schrieb Friedrich der Große, sein Vater sei gestorben »mit der Neugier eines Naturforschers, der beobachten will, was in dem Augenblick des Hinscheidens geschieht, und mit dem Heldentum eines großen Mannes«.

Gottlieb Wilhelm Rabener (1714–1771), satirischer Schriftsteller:

Adieu Spargel, Austern, Lerchen und Witz! Was meinen Sie, soll daraus werden? Ich bin zu allem bereit. Hier kann ich doch nicht bleiben.

Maria Theresia (1717–1780), deutsche Kaiserin, Königin von Ungarn und Böhmen, Erzherzogin von Österreich. – Am Vorabend ihres Todes, am 28. November, war der Himmel bedeckt, gegen Abend ging ein kalter Sprühregen nieder. Die sterbende Kaiserin murmelte:

Schlechtes Wetter für eine so weite Reise!

Am nächsten Abend stand sie von ihrem Sessel auf und sank auf der Bettkante nieder. Ihr Sohn Joseph bemühte sich, es ihr bequemer zu machen, und sagte: »Euer Majestät liegen schlecht.« Sie starb mit den Worten:

Ja, aber zum Sterben gut genug.

Friedrich II. der Grosse (1712–1786). Am 15. August besorgte er noch seine Kabinettsgeschäfte, seit dem 16. lag er zu Bett, klagte über Frost, am 17. befahl er, seinen Hund wieder auf den Stuhl neben sich zu setzen und mit Kissen zuzudecken. Bei ihm waren zwei Kammerdiener und ein Lakai. Er starb kurz nach Mitternacht. Die letzten Worte, die sie von ihm, beim Auswerfen des Schleims, hörten, waren:

La montagne est passée, Nous irons mieux. – Wir sind über den Berg, es geht Uns besser.

Josuah Reynolds (1723–1792), englischer Maler:

Ich habe das Glück gehabt, lange eine gute Gesundheit und ständigen Erfolg zu haben. So kann ich mich nicht beklagen. Ich weiß, daß alle Dinge auf dieser Erde ein Ende haben müssen, und jetzt bin ich an meinem angelangt.

Gebhard Lebrecht Blücher, Fürst von Wahlstatt (1742–1819), preußischer Marschall:

Nostiz, Ihr habt manches von mir gelernt. Nun könnt Ihr lernen, wie friedvoll ein Mensch sterben kann.

E. T. A. Hoffmann (1776–1822), Dichter, Musiker und Maler, diktierte, da seine Arme durch sein Rückenmarksleiden gelähmt waren, bis zuletzt an seiner (unvollendeten) Dürernovelle. Er schloß das Diktat mit den Worten.

Es ist Zeit, ein wenig an Gott zu denken.

Jean Paul, Johann Paul Richter (1763–1825), starb, erblindet an grauem Star, an der Wassersucht. Als er merkte, daß seine Familie und seine Freunde nicht mehr verstanden, was er murmelte:

Lassen wir den Dingen ihren Lauf!

Georg Wilhelm Friedrich Hegel (1770–1831) zu seiner Frau:

Wollte Gott, ich hätte heute nacht nur eine so ruhige Stunde gehabt.

Marie-Joseph Marquis de Lafayette (1757–1834), französischer General:

Was erwartet ihr? Das Leben ist wie die Flamme einer Lampe; wenn kein Öl mehr da ist – pah! Es geht aus, und alles ist vorbei.

Arthur Schopenhauer (1788–1860) starb am Morgen des 21. September an einer Lungenentzündung. Am Abend des 18. September besuchte ihn Wilhelm Gwinner, sein erster Monograph, zum letzten Mal. Sie unterhielten sich über Schopenhauers Philosophie. Beim Abschied sagte er, wie Gwinner berichtet,

es würde für ihn nur eine Wohltat sein, zum absoluten Nichts zu gelangen; aber der Tod eröffne leider keine Aussicht darauf. Allein, es gehe wie es wolle, er habe zum wenigsten ein reines intellektuelles Gewissen.

FJODOR DOSTOJEWSKI (1821–1881). Der Schöpfer des modernen Seelenromans war zugleich ein christlicher Denker und Mystiker. Auf dem Sterbebett ließ er seine Frau aufs Geratewohl eine alte Bibel öffnen. Sie las: »Und Jesus antwortete dem Johannes: Halte mich nicht zurück, denn die Gerechtigkeit muß erfüllt werden.«

Hast du verstanden? Halte mich nicht zurück! Meine Stunde ist gekommen, ich muß sterben.

THOMAS CARLYLE (1795–1881), schottischer Historiker und Essayist:

Das also ist der Tod. Nun gut ...

BENJAMIN DISRAELI, Lord Beaconsfield (1804–1881), englischer Staatsmann und Schriftsteller:

Ich würde lieber leben, aber ich habe keine Angst zu sterben.

ERNEST RENAN (1823–1892), französischer Orientalist und Philosoph. Sein bekanntestes Werk ist ›Das Leben Jesu‹, in dem er die Göttlichkeit Christi ablehnt. In den letzten Monaten seines Leidens kritzelte er auf ein Stück Papier:

Sich auf den Tod vorbereiten durch Schweigen.

Am 30. September, dem Vorabend seines Todes, zu seiner Frau:

Mut, mein armes kleines Wesen, man muß die Gesetze der Natur erfüllen, deren Manifestationen wir sind. Wir gehen alle dahin, nur die Himmel bleiben ... Ich sterbe in der Kommunion der Humanität und der Kirche der Zukunft.

Am 1. Oktober, in der letzten Agonie, murmelte er:

Nehmt die Sonne da oben von der Akropolis fort!

Und da er merkte, daß die Seinen ihn nicht verstanden:

Ich weiß wohl, was ich sage, ich rede nur so schwerfällig.

ISAAC PITMAN (1813–1897), Erfinder der englischen Stenographie:

Denen, die fragen, wie Isaac Pitman fortging, sagt: friedlich und so, als wenn er von einem Raum in den anderen ginge, um dort eine neue Beschäftigung aufzunehmen.

CHARLES ROBERT DARWIN (1819–1898), der durch seine Abstammungslehre berühmte englische Naturforscher:

Ich habe nicht die geringste Angst vor dem Sterben.

CARL SCHURZ (1829–1906), deutsch-amerikanischer Staatsmann, mußte wegen seiner Teilnahme am demokratisch-republikanischen Aufstand in Baden 1849 flüchten, trat in den Vereinigten Staaten der Republikanischen Partei bei, war während des Sezessionskriegs Generalmajor, später Bundessenator und Innenminister. Sein letztes Wort:

Es ist so einfach zu sterben.

EDVARD GRIEG (1843–1907), norwegischer Komponist:

Gut, wenn es so sein muß.

EDUARD VII. (1841–1910), der englische König, flüsterte sterbend:

Ich werde nicht aufgeben.

WILLIAM GUGGENHEIM (1868–1912), amerikanischer Steinkohlenkönig. Als die »Titanic«, die am 15. April 1912 südlich Neufundland mit einem Eisberg zusammenstieß, im Begriff war zu kentern und ein anderer Passagier sich wunderte, ihn vollständig angekleidet und ohne Rettungsring zu sehen:

Mein Freund, wir sind angekleidet, mein Kammerdiener und ich, um als Gentlemen zu sterben.

LAWRENCE OATES (1880–1912) verschwand mit der Südpolexpedition von Robert Scott. Da er durch seine erfrorenen Gliedmaßen fast gelähmt war, bat er seine Gefährten, ihn zurückzulassen. Als sie das verweigerten, verließ er das Lager und ging mit den Worten in den seit Tagen wütenden Schneesturm hinaus:

Ich gehe und werde vielleicht eine Weile fortbleiben.

Scott vermerkt dazu in seinem Tagebuch: »Wir haben versucht, ihn zurückzuhalten, aber wir wußten, daß wir es mit einem mutigen Mann und mit einem Gentleman zu tun hatten.«

Robert Falcon Scotts (1868–1912) letzte Eintragung im Tagebuch, das man auf der Suche nach der Expedition später fand, lautete:

Jeden Tag waren wir bereit, zu unserem 13 Meilen entfernten Lager aufzubrechen, aber außerhalb des Zelts ist dauernd ein wüstes Schneegestöber. Ich glaube nicht, daß wir auf Besserung hoffen können. Wir werden ausharren bis zum Ende, aber wir werden natürlich immer schwächer, und das Ende kann nicht weit sein. Es ist traurig, aber ich glaube, ich kann nicht mehr schreiben ... Sorgt um Gottes willen für die Unseren.

Basil Maturin, englischer Pater, ertrank beim Untergang des englischen Passagierdampfers »Lusitania«, der am 7. Mai 1915 von einem deutschen Unterseebott versenkt wurde. In das Rettungsboot, das als letztes herabgelassen wurde, reichte er ein kleines Kind und rief den Insassen zu:

Findet seine Mutter!

Ernst Haeckel (1834–1919), Naturforscher, der die Darwinsche Entwicklungslehre zu einer materialistischen Weltanschauung (Monismus) ausbaute, äußerte während seiner letzten Krankheit:

Ich sehne mich aus der Enge dieser Welt in die Schrankenlosigkeit des Unpersönlichen.

Eugen Diederichs (1867–1930), Verleger, lag monatelang der Sprache beraubt, aber bei völlig klarem Bewußtsein. Als letztes Mittel der Verständigung mit seiner Gattin Lulu von Strauss und Torney diente ihm eine Schreibtafel. Letzter Eintrag:

Ich weiß alles. Will mit Würde ...

Paul von Hindenburg (1847–1934), Feldmarschall und Reichspräsident, zu seinem Arzt:

Es ist soweit, Sauerbruch, sagen Sie jetzt Freund Hein, daß er eintreten kann.

Luigi Pirandello (1867–1936), italienischer Dichter:
Der Leichenwagen, das Pferd, der Kutscher und – genug!

Pierre Drieu La Rochelle (1893–1945), französischer Schriftsteller, der sich, zumal in seinem Roman ›Die Unzulänglichen‹, als antiliberaler, faschistoider Geist von unbezweifelbarem literarischem Rang bekundet hatte und von seinen Landsleuten als Kollaborateur mit den Deutschen angesehen wurde, setzte seinem Leben freiwillig ein Ende. Er hinterließ die Notiz:
Ich will sterben, aber nicht getötet werden.

Herbert George Wells (1866–1946), englischer Romancier, Satiriker und Gesellschaftskritiker, indem er seine Freunde bat, sich zu entfernen:
Geht jetzt! Ich bin damit beschäftigt zu sterben.

Karl Vossler (1872–1949), Professor der Romanistik und hervorragender Sprachgelehrter, in seiner letzten lichten Viertelstunde zu seinem letzten Besucher, seinem Freund und früheren Schüler Dr. Andreas W. Bauer:
Was ich sagen wollte, habe ich gesagt.

Paul Claudel (1868–1955), der repräsentative Dichter der erneuerten französischen Katholizität, zu seiner Familie:
Laßt mich sterben ... ich habe keine Angst.

Ernst Rowohlt (1887–1960), Verleger:
Gebt mir ein Glas Doppelbock!

Konrad Adenauer (1876–1967), erster Bundeskanzler der Bundesrepublik Deutschland:
Kein Grund zum Weinen.

Philipp Melanchthon (1497–1560), Humanist, Hauptmitarbeiter Luthers, auf die Frage, ob er etwas wünsche:

Nichts als den Himmel, und deshalb fragt mich nicht mehr so etwas. Warum stört ihr meine süße Ruhe? Laßt mich bis zum Schluß ruhen, es wird nicht mehr lange dauern.

Sir Philip Sidney (1554–1586), englischer Staatsmann und Dichter, wurde in den Niederlanden beim Kampf gegen die Spanier tödlich verwundet:

Ich würde meine Freude nicht gegen alle Herrlichkeit dieser Welt tauschen.

Renée de Bourdeille, Vicomtesse d'Aubeterre († 1596), eine Nichte Brantomes, die von den Zeitgenossen als charmant und geistvoll geschildert wird, starb an einer Krankheit, deren Natur die Ärzte nicht erklären konnten, so daß sie auf den Gedanken kam, sie sei vergiftet worden. Sie lehnte alle Heilmittel ab, da sie nicht wollte, daß »ihre Ruhe hinausgezögert« würde. In den letzten Augenblicken wiederholte sie mehrmals:

Mein Gott, wie süß ist der Tod! Wer hätte das je gedacht!

Nicolas Poussin (1593–1665), der große französische Landschaftsmaler:

Je n'ai rien négligé. – Ich habe nichts vernachlässigt.

Moritz Graf von Sachsen (1696–1750), Marschall von Frankreich, natürlicher Sohn Augusts des Starken und der Gräfin Aurora von Königsmarck. Zu seinem Arzt:

Doktor, das Leben ist nur ein Traum. Meiner ist kurz gewesen, aber schön.

Ralph Erskine (1685–1752), schottischer Priester und Dichter:

Sieg! Sieg! Sieg!

Joseph Butler (1692–1752), englischer Theologe, zu seinem Kaplan, der ihm aus dem Evangelium des Johannes (6, 37) vorlas: »Alle, die mir der Vater gibt, werden zu mir kommen, und wer zu mir kommt, den werde ich nicht fortweisen«:
Das ist die Wahrheit, und ich wundere mich, daß ich tausendmal diese Stelle der Schrift gelesen und bis heute nie ihre Kraft erprobt habe. Jetzt sterbe ich glücklich.

Ludwig XV. (1710–1774), König von Frankreich zu seiner Tochter Adelaide, ungeachtet seiner Schmerzen:
Nie habe ich mich besser und ruhiger gefühlt.

Jean-Jacques Rousseau (1712–1778), der in seinen Schriften oft schwärmerisch das Gefühl gegen den Intellektualismus der Aufklärung verteidigt, zu seiner Frau:
Tröste dich, du siehst, wie rein und heiter der Himmel ist. Nun gut, dorthin gehe ich.

William Hunter (1718–1783), englischer Arzt und Anatom:
Wenn ich die Kraft hätte, die Feder zu halten, würde ich beschreiben, was für eine schöne und leichte Sache es ist, zu sterben.

Jean-François de Laharpe (1739–1803), Dichter und Kritiker, nachdem er die Sterbegebete gehört hatte:
Ich danke dem Himmel, daß er mir genug Geistesklarheit gelassen hat, um zu fühlen, wie tröstlich und schön das ist.

Joseph Haydn (1732–1809):
Seid fröhlich, Kinder, ich bin wohlauf.

Johann Gottlieb Fichte (1762–1814), als ihm eine Medizin gebracht wurde:
Schon gut. Ich brauche keine Medizin mehr. Ich fühle, daß ich geheilt bin.

JOHN SINGLETON COPLEY (1737–1815), englischer Porträtist:

Glücklich, glücklich, über die Maßen glücklich!

ANTONIO CANOVA (1757–1822), italienischer Bildhauer, sagte im Sterben dreimal:

Reiner und liebenswerter Geist!

JEREMIA EVARTS (1781–1831), amerikanischer Philanthrop und Indianermissionar:

Wunderbare, wunderbare, wunderbare Seligkeit. Wir können es nicht verstehen, nicht begreifen ... wundervolle Seligkeit, ich will sie preisen. Wer ist im Zimmer? Ruft alle herein, laßt alle kommen ... ich will es ihnen sagen ... wundervolle Seligkeit ... Jesus regiert.

GEORGE CRABBE (1754–1832), englischer Dichter:

Am Ende ist alles gut.

LUDWIG BÖRNE (1786–1837), politischer Publizist und Satiriker:

Zieh die Vorhänge auf! Ich möchte gerne die Sonne sehen ... Blumen ... Musik ...

ANDREW COMBE (1797–1847), schottischer Arzt und Physiologe, murmelte:

Glücklich, glücklich!

GEORGE COMBE (1788–1858), Bruder des vorigen, Arzt und Phrenologe:

So wie ich mich gegenwärtig fühle, würde ich sagen, daß ich im Begriffe bin zu sterben – und ich bin froh darüber.

ALFRED LE POITTEVIN (1816–1848), französischer Schriftsteller:

Schließt das Fenster! Es ist zu schön.

Frédéric Chopin (1810–1849), polnischer Komponist, sagte drei Tage vor seinem Tode zu seinem Arzt:

Jetzt trete ich in die Agonie ein ... Es ist eine seltene Gnade, wenn Gott einen Menschen den Augenblick seiner beginnenden Agonie klar erkennen läßt. Diese Gnade hat er mir gewährt. Stören Sie mich nicht!

Elizabeth Barrett (1806–1861), englische Lyrikerin, seit 1846 mit dem Dichter Robert Browning verheiratet, dem sie die ›Sonette aus dem Portugiesischen‹, das Zeugnis ihrer Liebe zu ihm, widmete: »Von seiner kleinen Portugiesin.« Ihre Vorfahren waren westindische Plantagenbesitzer. Als ihr Mann sie fragte, wie sie sich fühle, antwortete sie mit schwacher Stimme:

Wundervoll.

Salomon Foot (1802–1866), Senator von Vermont:

Wie? Kann das der Tod sein? Es ist wie immer ... Ich seh es ... Die Tore sind weit offen. Herrlich, herrlich!

Augustus Bozzi Granville (1783–1872), italienischer Arzt und Patriot:

Licht! Überall Licht!

Francis Trevelyan Buckland (1826–1880), englischer Fischerei-Inspektor:

Gott ist so gut, so gut zu den kleinen Fischen. Ich glaube nicht, daß er ihren Inspektor zuletzt im Stiche lassen wird.

Charles Guiteau († 1881) wurde als Mörder des 20. amerikanischen Präsidenten Garfield gehängt:

Gloria! Halleluja! Gloria!

Gerard Manley Hopkins (1844–1889), englischer Dichter, Jesuit:

Ich bin so glücklich, so glücklich.

JOHN ERICSSON (1803–1889), schwedisch-amerikanischer Ingenieur und Erfinder:

Ich ruhe mich aus. Diese Ruhe ist wundervoll, großartiger, als Worte es ausdrücken können.

HENRI DE TOULOUSE-LAUTREC (1864–1901) sagte in den letzten Wochen – er wußte, daß er an Paralyse sterben werde – oft:

Das Leben ist schön.

Nach der Letzten Ölung zu seinem Freund Louis Pascal:

Glaub mir, der Priester hat mich nicht sehr geschont. Aber wie gut, daß nun alles vorbei ist.

AUGUSTUS SAINT-GAUDENS (1848–1907), amerikanischer Bildhauer, wurde in Dublin als Sohn einer irischen Mutter und eines französischen Vaters geboren, kam aber schon in früher Kindheit nach Amerika. An seinem letzten Tag bei Sonnenaufgang:

Es ist sehr schön, aber ich möchte weiter gehen.

THOMAS EDISON (1847–1931), amerikanischer Erfinder, aus einer Ohnmacht noch einmal für kurze Zeit erwachend:

Es ist sehr schön hier auf der anderen Seite.

WERNER KARL HEISENBERG (1901–1976). Für seine grundlegenden Arbeiten auf dem Gebiet der Quantenmechanik und der Kernphysik erhielt er 1933 nachträglich den Nobelpreis für Physik von 1932. Sein von Carl Friedrich von Weizsäcker überlieferter Ausspruch ist zwar kein letztes Wort im strengen Sinn, wurde aber von dem unheilbar Kranken in der klaren Erwartung des nahen Todes getan. Angesichts der Bedeutung der Person wie seiner Aussage soll diese hier festgehalten werden:

Es ist ganz leicht. Das habe ich nicht gewußt.

Register

Erzählte Geschichte
Romane, Biographien

Henry Benrath:
Der Kaiser Otto III.
dtv 1771

R. von Ranke Graves:
Ich, Claudius,
Kaiser und Gott
dtv 1300

Jochen Klepper:
Der Vater
Roman eines Königs
dtv 1258

Eckart Kleßmann:
Caroline
dtv 1474

Régine Pernoud:
Königin der Troubadoure
Eleonore von Aquitanien
dtv 1461

Marguerite Yourcenar:
Ich zähmte die Wölfin
dtv 1394

Zeitgenossen erinnern sich

George F. Kennan: Memoiren eines Diplomaten

dtv
Biographie

Gregor Piatigorsky: Mein Cello und ich und unsere Begegnungen

dtv

Yehudi Menuhin: Unvollendete Reise Lebenserinnerungen

dtv/Bärenreiter
Biographie

Christabel Bielenberg:
Als ich Deutsche war
1934 – 1945
dtv 1494

Margret Boveri:
Verzweigungen
dtv 10011

Rudolf Fernau:
Als Lied begann's
Lebenstagebuch
eines Schauspielers
dtv 1092

Werner Finck:
Alter Narr – was nun?
Die Geschichte
meiner Zeit
dtv 1044

Ursula von Kardorff:
Berliner
Aufzeichnungen
dtv 1692

George F. Kennan:
Memoiren eines
Diplomaten
dtv 10096

Bruno Kreisky:
Die Zeit, in der wir leben
dtv 1618

Lew Kopelew:
Aufbewahren für
alle Zeit!
dtv 1440
Und schuf mir einen
Götzen
dtv 1677

Yehudi Menuhin:
Unvollendete Reise
Lebenserinnerungen
dtv 1486

Gerald Moore:
Bin ich zu laut?
Erinnerungen eines
Begleiters
dtv 1217

Nicolas Nabokov:
Zwei rechte Schuhe
Im Gepäck
dtv 1500

Gregor Piatigorsky:
Mein Cello und ich
und unsere
Begegnungen
dtv 1080

Hans Graf von
Lehndorff:
Ostpreußisches
Tagebuch
dtv 2923
Menschen, Pferde,
weites Land
dtv 10162

dtv